Peace Studies

平和教育といのち

Peace education and Human life

日本平和学会編

早稲田大学出版部

**Peace education and Human life,
Peace Studies Vol. 52**

The Peace Studies Association of Japan
email: office@psaj.org
http://www.psaj.org/

First published in 2019 by
Waseda University Press Co., Ltd.
1-9-12 Nishiwaseda
Shinjuku-ku, Tokyo 169-0051
www.waseda-up.co.jp

© 2019 by The Peace Studies Association of Japan

All rights reserved. Except for short extracts used for academic purposes or book reviews, no part of this publication may be reproduced, stored in a retrieval system, or transmitted in any form whatsoever—electronic, mechanical, photocopying, or otherwise—without the prior and written permission of the publisher.

ISBN 978-4-657-19017-8
Printed in Japan

巻　頭　言

いのちの胎動をとらえる学び

はじめに

　現在の世界では，戦闘地域における民衆の傷や死，そこに赴く兵士の傷や死は依然として存在し続けている。こうした傷や死に対し，今の日本に生きる私たちは，怒りや悲しみの気持ちをリアルに感じ，そのことを含んで，この間の「安全保障」や平和に関する議論を出来てきただろうか。
　その一方で私たちは，子ども時代の学校生活や大人になってからの職場生活を通して，いじめの標的にされないよう，多数派につき集団的に自衛することが，自分の安全を守ることであることを学びそれがからだに染み付いている。それ以外に自分の安全を守る術を知らない。標的にされた人の傷に共感しようものなら，自分が生きていけないから，その傷に対し無関心になる。
　竹内常一は，社会の構造のなかの政治性が子どもたちの学校生活での人間関係の政治性に反映されることを「ミクロポリティクス」の概念で説明した。[1] 標的にされた国の民衆の傷や死にこころから共感すべきなのは頭ではわかるけれども，主体の側のからだはそういうふうには形成されていない。この，平和教育における価値と主体の状況とのギャップにどう挑んでいったらいいだろう。
　特集テーマ「『平和教育』を切り拓く」にあたって，まずは，日本平和学会の学会誌『平和研究』における平和教育に関する議論を振り返るべ

きだと考えた（以下1）。そのうえで，いま，平和教育に求められている視点はどのようなものなのかを検討したい（以下2）。なお，平和教育特集だったからこそ，編集の過程で研究者とはだれかが改めて問われた。その点についても触れたい（以下3）。

1 『平和研究』における平和教育の議論をふりかえって

『平和研究』における平和教育の議論は，ユニークで多様であった。学会創立時に構想されていた平和研究，平和活動（運動），平和教育の「総合的な有機体」[2]という日本平和学会独特の構想のなかで，構造的暴力論や国際政治学の成果を中核とした独自の平和教育論が展開されつつ，それがいわゆる教育学研究における平和教育の議論とも対話しながら，展開されたからである。

日本平和学会の設立初期の，第2号（1977年）の特集2「平和教育」，第5号（1980年）の特集2「現代日本の平和教育」（加えてこの号の特集1における堀尾輝久，桑木務論文も関連する），第7号（1982年）の特集2「平和教育学への展望」に至る道筋においては，学会全体において集団的に平和教育について議論が積み重ねられていた。この流れをまず振り返っておこう。

第2号の特集では，大槻和夫が日本の平和教育の中軸である被爆体験をめぐる平和教育の歴史とそこにおける科学的追求の重要性について広島を事例に論じ，山本満が被害者意識を乗り越える課題を提起している。浮田久子は，日本の平和教育が現代の戦争に対応できていないことを指摘し，それを乗り越えるために海外との接点を主張している。J. ガルトゥング（Johan Galtung）は，構造的暴力の観点から，平和教育の形式が暴力性を持つ危険性について指摘する論文を書いている。

第5号の特集では，内容の面で幅が広がった。特に1979年の春季シンポジウムの平和教育部会で行われた「沖縄における平和教育」が7人の論者

のオムニバス形式で『平和研究』に掲載され，沖縄戦の平和教育について大学教員や教員組合などから報告され，さらに，森下弘や鎌田定夫から沖縄と広島・長崎をつなぐ視点についての提起もある。また，同号には佐久間勝彦が教え込みを超えて子どもの内面に葛藤を作る重要性を指摘している。

　こうしてみると1970年代後半からの日本平和学会の平和教育論は，この頃問題となっていた戦争の被害の悲惨さを聴かせる教育の限界をどう乗り越えていくかの模索が基本路線にあったといってよいだろう。その際，教師や教育が持つ権威性・暴力性，被害者意識を超えて加害の視点や科学的追求も加え，そして現代の戦争に対応し得る海外の平和教育の知見を取り入れるという方向性が示されている。日本平和学会では特に，第7号で構造的暴力論から開発教育と平和教育の関連が指摘されたり（森下弘論文），国際政治学の知見を活かした海外の教材が紹介されたり（グレン・フック論文）というように，海外の知見を取り入れる路線が積極的に模索されていった。

　第5号には別の角度から特徴がある。それは，堀江宗生の「平和教育学をめざして」の論文であり，「平和学」の「一つの系」として「平和教育学」が存在すべきとの主張がなされている。これは，日本平和学会独特の構想において，平和教育が平和研究とは別のくくりとして実践の位置が置かれたことから，平和教育が「『実践本位の分野に留まるだけでよいのか』という疑問に発して」いるという[3]。この堀江の議論が引き取られたのだと思われるが，第7号の特集「平和教育学への展望」が組まれる。この時代において「学」化する必要性は必ずしも明示的ではないが，これを引き継ぐ意識があると思われる平和教育学研究会編『平和教育学事典』では，村上登司文が「『平和教育学』の理論的支援が受けられれば，学校で平和教育を行う教員は自己の実践を学術的な視点から捉え直し，政治的であるとの偏向批判を受けることが少なく，創造的に実践を深めることが可能となろう」という，学による実践の正当化を指摘している[4]。

ここに，国際政治学の知見を活かし海外の平和教育論との接続を図ること，平和教育を単なる平和研究の知見を普及する手段とするのではなく，それ自体も研究されるべきとする「学」の志向性の二つの路線が，平和学会における平和教育論の現在にも続く特色として成立している。

　このことは社会構造と主体（人間）との関連から見たとき，日本平和学会の平和教育の議論の特色としては，国際政治学の知見から分析された社会構造に関する知を，どのように加工して伝えていくかという問題意識が強いといえる。これは平和教育キットの作成（4号，1979年の浮田報告），SF小説・映画など（7号グレン論文）にも見られる。

　そのことの重要性はいささかも否定されないが，少し時期があとだが，1980年代に教育学関連学会において平和教育論を展開していた佐貫浩や竹内常一は，どちらかというと主体の側も含んだ追究のなかに平和教育の可能性を見出していた。佐貫浩は，受験競争により1970年代から問題化していた「落ちこぼれ」たちの異議申し立てである「校内暴力」の現実を乗り越えるなかで生徒に平和の価値を摑ませる可能性を模索していたし[5]，竹内常一も同様の学校状況のなかでの生活指導の立場から，暴力ではなくことばによる対話のなかで，平和の価値を摑ませる可能性を模索していた[6]。

　そもそもこのような主体と社会構造との関連を問う問題意識は，戦後日本の教育学が，教育が社会構造の規定を受けながら批判的な主体を形成するという，矛盾を含んだ主体と社会構造とのシステム的な関連のなかにおいて教育を捉えてきたことによる。このような問題意識は，第5号の特集1「現代日本の平和保障」において教育学研究のプロパーとして堀尾輝久から平和学会へと投げかけられている。堀尾は，民主的な教育運動のなかで平和が鋭い問いとして投げかけられてきた点を指摘し，教育が平和をつくるダイナミズムを投げかけた。

　もちろん『平和研究』においても，主体の側も含んだ追究に関連して注目すべき平和教育の論稿がある。まず，越田陵の分析がある（7号，1982年）。越田は，教え子の「生活感覚」に深く迫り，その平和の価値への生

き生きとした能動性や感情が失われた状態を「植民地」状態に重ね，いかにしたら，もういちど平和の価値への子どもの感情が再生されるのかを問うている。また，主体と社会構造とのダイナミズムという点では，楠原彬の「アパルトヘイトを突き崩す力」（11号，1986年）も刺激的である。「南アフリカ解放の主体」のかかえる様々な矛盾とそれらを乗り越える子ども・学生・若者の苦渋の闘いと黒人意識運動における意識化の学びをレポートしている。

本特集では，平和教育の研究視点を豊富化することを目指し，平和研究の知見に基づく社会構造に関する知を，どのように加工していくかという日本平和学会の議論の特色の重要性を認識しつつ，主体の側も含んで着目し，学び・教育と社会構造との批判的関連のダイナミズムを問う視点を含んで，平和教育の議論を切り拓いてみたい[7]。

2　いのちの胎動をとらえる学び

こうしてみたとき，何がそのダイナミズムを生むだろうか。

近年の平和学習に関連する領域では，論理的なことばの問題だけでなく気持ちの問題も含むことが重要であると指摘されている。石田隆至は，歴史認識の視点から，「確定した歴史事実を受け入れられない」ことが問題化しており「いま事実レベルの問題である以上に，〈価値観や感情〉の問題となってきている」と指摘している[8]。

気持ちの問題をめぐって平和学習実践とその周辺をみれば，戦地における民間人や兵士の傷や死への怒りや悲しみのほかに，その人間的な気持ちの表出に対する嫌悪感という特徴的な感覚の存在に気が付く。たとえば，米軍基地を拒否する表明に対してそれを危険な過激集団と意味付与したり[9]，在日朝鮮人らアジア太平洋戦争の犠牲者の無念へ共感する考え方を排除したがったりする嫌悪感である。これらは，自分の枠組みを超える他者の存在を受け入れられない気持ちといえる。教師による平和の価値への切実な

希求に対し，執拗なまでにある市民や市議などから偏向の追及が来る現実は，2006年の教育基本法の「改正」とあいまって，平和教育における自由で人間的な方向への発展を阻害している。だとすればむしろ，いったいその嫌悪感は何なのか，裏返せば，なぜ愛国やナショナリズムへの陶酔とそれを否定するものへの敏感すぎる反応はどこから来るのか，をとらえることを射程に含む学びを媒介しなければ，平和教育の議論を切り拓いていけないだろう。

平和学習実践の周辺において，学習内容としてそれらの嫌悪感が射程に含まれたのは1990年代の自由主義史観による学習内容が提示されてからであった。自国の明治史には「共感」という情を含めつつ，他国の「南京大虐殺」には一歩距離を置き懐疑的にみるという方法上の段差があった[10]。そのために，この学習は他者との敵対的関係を助長する論理を表出せざるを得なくなり，平和学習としては限界を持たざるを得なかったといえる。

この自由主義史観に対しては多くの論者が批判してきた。たとえば高嶋伸欣は，その主張の非論理性や学問的な粗雑さを鋭く指摘している[11]。自由主義史観が歴史学の成果からみて事実と反するという批判は重要であり基盤である。同時に，学習論の課題として，その批判が学習主体にとって説得的に理解されるかどうかは別の固有の問題としてもある。自由主義史観が青年の何らかの必要に即した学習内容でもあったからである。青年の必要を，他者を排除する方向ではなく，他者を受け入れられる方向につなぐ回路の開発が，平和学習論に求められている。気持ちの問題を含むことで，自由主義史観に「なぜ若者たちは惹かれるのか」と問えるようになるだろう[12]。

1990年代から問題化した平和学習における気持ちの問題を平和学習の内容論として追求した論者に竹内久顕がいる。彼の出発点の一つとして重要なのは，自由主義史観に取り込まれる若者の感情や意識をどう組み替えていくかにあり，そのための平和教育内容を模索したところにある。竹内は，これまでの戦争体験を聴く学習の枠組みを整理したうえで，純粋な悲劇だ

けではない戦時下の人間の状態の二面性（悲惨・残酷と充実感・燃焼・陶酔）へ着目する重要性を，吉田満らを手掛かりに指摘する。そして，後者（充実感・燃焼・陶酔）も含んだ状態の描写こそが戦争の真の悲劇性を訴えかけ，青年の心を揺さぶる力があることを指摘した。竹内は，兵士の現場（小状況）におけるこうした主体性を見つめることでむしろ，「大状況としての戦争をかえっていっそう悲惨なものとするのである。このように大状況としての戦争をとらえることで，戦争を絶対的に否定し拒否する論理の強さが生まれる」という[13]。彼は，人間の能動性が戦争と支配のシステムにからめとられる主体的な服従の切なさを浮かび上がらせることで，それを学ぶものがそれを鏡として，陥っている陶酔状況からみずからを引き剝がすことを可能にする学びをつくろうとしたのだった。

　こうしたアプローチは，山田正行も類似している。山田は，アウシュビッツ強制収容所の極限的状況のもとでの人間の状態の二面性（抵抗即見せしめのため，抵抗の拒否が唯一，命の尊厳を守る抵抗）を読み解き，傍観を必然化する収容所内外の悲劇的なまでの支配のあり様を学習内容として組織した[14]。アジアの戦争犠牲者の声を無視し社会の好戦的風潮に流されて傍観的に生きる自分たちを収容所のシステムに重ねる気づきが，人間性を取り戻す足がかりになると論じた。

　しかし，システムに従属してしか生きられないこと，そのことを対象化できても，そこから脱却できるわけではないから，そこで生きるのがますます辛くなってしまう。この先，どんな生活や社会のあり方を目指していけばよいのか，それを描く根拠地となる積極的なよりどころが何か必要である。

　平和学習と関わってこうした希望の生成を考えるとき，坂元忠芳『感情と情動の教育学』第7章第8節「歴史認識における『主体的持続性』」の議論を参考にしたい。なぜなら坂元は，竹内が引用した吉田満と同様に特攻兵の高揚感に焦点を当てるが，その人間の状態から引き取る内容に違いを見せたからである。竹内や山田は，戦時中の「陶酔」や必至の服従に戦

争の深い悲劇性（単なる残虐とは異なるシステム的な悲劇性）を引き取ることが中心だったが，坂元は「神風特高（筆者注：原文ママ）隊員の勇気」[15]＝竹内の指摘する「陶酔」の状況に，人間の可能性も見出した。それは，単なる加害性の無自覚ではなく[16]，「陶酔」しか道がなかったというシステム的な悲劇性だけでもなく，極限の状況下でもいのちが勇気や目標を生み出し得たという人間のからだのいのちのメカニズムが持つ可能性の発見だった。坂元は大岡昇平の，このからだの可能性は参謀の「愚劣と腐敗」への服従とは区別されるものであり「（筆者注：そのような意思が）あの荒廃の中から生まれた余地のあったことが，われわれの希望でなければならない」との言葉を引く[17]。

　戦時下で生まれる赤ちゃんを想像しよう。たとえ兵士になる子の出産を国が奨励し，それに賛同した母が生んだ赤ちゃんだとしても，決してそのいのちは悲劇のヒロインなだけではなく，生きていることそのものをもって，全身で戦争を批判する存在である。自衛官が，たとえ主体的に参加していても，そのいのちそのものは全身で戦争を批判している。

　坂元の議論の全面的な検討は筆者の力量を超えあくまでも上記の戦争の局面に限定するが，そうだとしても，単なる思想や理念としてではない，物質的な次元で蠢くいのちの圏域を区別して取り出し，それを含んで平和と戦争をとらえた坂元の視点が，その希望を拾い上げたことは間違いないだろう。極限のいのちがそのような意思を生み出す営みは，加害・被害のどのような立場にある者においても，戦争によって自身のいのちが奪われることへのからだ全体での批判となる。

　平和学会周辺の議論をみただけでも，戦後日本の平和教育論は，死の悲惨さから構造や関係性の問題へと広がってきたといえるが，わたしたちは，いまあらためていのちの見方を深め，戦争の死者・語り部の声を聴くべきときにいるのではないだろうか。

　本特集では，いのちがシステム的に服従・利用されるさまに加え，客観的状況や主体の意思とは別に，生きようとするいのち（物質的な次元で蠢

くいのちの圏域）を浮かび上がらせることにより，この社会のシステムを対象化し，さらには，いのちの地位が社会全体の中心規範とすべきだとする民衆的な機運が生まれていくような，そんな現場をレポートしてくれるひとびとに文章を依頼した。いのちの胎動をとらえ，そのような学習が社会を動かす力を持つような，そんな平和教育を見通したい。

3 研究者とはだれなのか

第2号においてガルトゥングも指摘したように，教育学は，教育の持っている伝達的・啓蒙的側面における権威性・暴力性に敏感であらねばならない。このことは，研究にもいえる。研究の持っている権威性・暴力性は，おのずから平和教育特集としては問われた。

冒頭で述べたとおり，日本平和学会設立時の議論において，平和教育は平和研究の成果を還元する機能として位置づけられており，それは研究と実践の区別においては，実践として位置づけられていた。これに対し，平和教育そのものの研究が必要であると主張したのが堀江の平和教育学の構想だった。堀江は，こう述べている。「現場教師は当然のこととして，父母市民，そして教育学だけでなく平和にかかわるすべての学問分野の研究者が共に考え，発言して行く自由にして新しい感覚の研究分野にしたい[18]」。編者は，この「学」の柔軟な捉え方が重要だと思っている。平和教育学の構想を練る際の「学」のとらえ方は，いまだに十分に深められているとはいえない。

朝日新聞のジャーナリスト鈴木沙雄は，『平和研究』第9号（1984年）において「平和研究は『学』化を急ぐべきか」という論文を寄せている。鈴木は「平和研究は，政治学，経済学，社会学など，それぞれの分野を研究してきた人の学際領域として発達してきたので，学会発足10年を経た機会に，それぞれの知識を交換するためとも理解できるが，それはあまりに仲間うち的発想ではないだろうか[19]」と投げかけている。もちろん，平和研

究は学際性をその特色とするが，それだけでは研究者集団のみに閉じられてしまうという指摘である。

　通常，研究の権威性あるいは研究と実践との関連についてよく問われる問いは，二つある。一つは，研究者はどう実践に内在して研究し得るかであり，これについては，アクションリサーチ論など諸分野で検討が進んでいる。[20] もう一つは，そもそも研究者とはだれか，であり，平和学会が特に世に問うてきたことであった。現在も，多くの職業研究者以外の会員が所属しており，平和教育の分野に限っても，小中高の教員や市民運動関係者が所属している。

　その場合，研究成果の表現様式について，『平和研究』の初期の特集は，いわゆる職業研究者のいう論文のみならず，かなりごった煮の状態だった。しかし，各々の立場に即した表現形式をとって力強く訴えており，そのごった煮は，一概に否定する必要はなく，むしろ積極的な面もあるのではないだろうか。

　今回の依頼論文枠では，この巻頭言でも述べたように，現代の平和教育を切り拓くために，内容的に大事だと思われることを優先し依頼した。そのうえで，結果的なところもあるが，いわゆる職業研究者以外の人に依頼をしている。

おわりに──依頼論文への期待および投稿論文枠について

　最後に，編者の視点から，依頼論文・活動報告の趣旨を説明しておきたい。

　田井中論文への編者の意図は，教師が「教育の中立性」の名のもとに真実へ迫りにくい現状で，いかに暴力と平和の真実を可視化するか，ジャーナリストの作法に学ぼうとするものである。そして，報道が事実を正確に知らせてくれることは，教師の教材研究の前提でもある。真実に迫る記者の存在が，真実を伝えたいと願う教師を支え，勇気づける。また，彼が取

材する内容においても，単に核被害の構造のなかで苦しむ被害者という見方のみならず，なおそのいのちを同じ被害者の未来のために立ち上がらせる，被害者の強さ・やさしさを描いている点もぜひ読みとってほしい。

小田切論文は，ヘイトスピーチを乗り越える日本・在日・韓国の高校生の学びの分析である。学習内容も，韓国の性的マリノティの人々へのヘイトスピーチの捉え直しや日韓の誰でもヘイトスピーチの加害者になり得るという現代的な広がりをもっている。ヘイトスピーチは，学びから断絶された結果の殺人へと連続する現象であり，だとすれば，日韓の高校生のこの学びの連帯は，彼らの未来のいのちを守る切実なものである。高校生たちのいのちが躍動するような活き活きとした学びの空間をつくることが，同時に，彼らの将来のいのちを育む日韓の社会連帯への種まきであることがよくわかる。

平良論文は，幾度虐げられてもよみがえる沖縄のいのちの闘い，特に高校生と教師の共同のそれが展開された，生き証言である。国場君事件をめぐって「青でもいけないなら何色で信号を渡ればいいのか」という，平易だけれども，日米地位協定の本質をつく鋭い問いの生成は，今日まで連続している。オール沖縄の原型をふりかえるものでもある。沖縄は，地位協定の犠牲の死者の声を正確に聴き，自分たちで問いをつくる力を育んできた。また，平良会員の授業実践では，沖縄の生業を支える自然との対話も含んで平和をとらえている。沖縄の自然・死者・生者のいのちがゆるがない民衆連帯の蝶番となっていることがよくわかる。

平和教育プロジェクトの報告は，あらためて1970年代からの平和学会独特の「総合的な有機体」の構想における平和教育の位置を正統に，そしてさらに豊かに引き継いでいることがよくわかる。内容的には，植民地主義を対象化する教材づくりが新しく，見応えがある。

平和教育分科会の報告は，当該分科会が多様な研究枠組みをもつ人々がつながる結節点となっていたことがよくわかる。狭い意味での「学」に捉われていない柔軟性のある場が保たれてきたこともわかる。また，巻頭言

で触れていない平和教育の背景も補完される。

　特集枠の投稿論文について触れておかねばならない。今回，編者の力不足もあり，12件応募・6本提出いただいた特集枠での投稿論文を1本も掲載することができなかった。査読の結果を厳正に重んじての判断だったが，このことについて2点補足する。1点は，平和学会の平和教育論を将来豊かにするであろう，若手研究者の論稿がいくつもあったことである。いずれも，査読の結果，掲載可能な水準には至らなかったが，執筆者らの研究がより充実したときに，再度平和教育の特集が組まれるか，あるいは自由投稿として積極的に応募していただきたい。2点は，職業研究者以外の応募も複数見られたことである。投稿枠に論文以外の，研究ノートや実践報告のニーズもあることを示している。今回は，企画から募集までの期間が短くそこまで議論をする余地がなかったが，いずれ検討いただきたい。

　自由投稿枠にも魅力的な論文が集まった。どの論文も，実践から離れた立場で批評する意味での「中立的」な論文としてではなく，平和という価値を志向する実践的課題性が感じられる。

　最後に，編者は依頼論文の3者とは，編集の過程で初めて出会った。直接は出会ったことがない方と対面しその趣旨を議論できた過程は，とても幸せなことだったことをいい添えておきたい。

注

1 竹内常一［2005］,『読むことの教育——高瀬舟,少年の日の思い出』山吹書店。
2 日本平和学会［1977］,「平和価値と平和教育」『平和研究』2号,53頁。特集2「平和教育」の冒頭に記載されている。
3 日本平和学会［1980］,「現代日本の平和保障」『平和研究』5号,155頁。
4 平和教育学研究会［2017］,『平和教育学事典』京都教育大学教育社会学研究室,1-2頁。
5 佐貫浩［1988］,『学校を変える思想——学校教育の平和的原理の探究』教育史料出版会。
6 竹内常一［2000］,『教育を変える——暴力を越えて平和の地平へ』桜井書店。
7 また,社会状況との関連で平和教育全体の枠組みをどうするかという議論とは別に,被ばく体験の継承の現代的可能性を模索した安藤裕子論文（32号,2007年）,髙橋弘司論文（49号,2018年）,教科書比較や平和教育の国際比較の,藤田弘之論文（16号,1991年）,村上登司文論文（19号,1995年）,大島京子論文（21号,1996年）など,時代を超えて普遍的に深めていかれるべき課題についての重要な論稿があることも触れておく。
8 石田隆至［2015］,「『感情・価値観』の問題としての歴史認識：平和教育を展望するために」『PRIME』38号,80頁。
9 TOKYO MX「ニュース女子」2017年1月2日放送。
10 「明治の変革への共感」（藤岡信勝［1997］,『自由主義史観とは何か』PHP研究所,44頁）「（筆者注：南京大虐殺の証言に対して）疑う立場」（同36頁）。この段差は「健康なナショナリズム」（同179頁）を課題とする限り必然的に生ずると思われる。
11 高島伸欣［1997］,「近現代教育『改革』運動の問題点(1)」『季刊 戦争責任研究』(15),日本の戦争責任資料センター。
12 目良誠二郎・竹内久顕・糀谷陽子［1999］,「あらためて平和教育の課題を考える」『人間と教育』(22),旬報社,65頁。
13 竹内久顕［2011］,『平和教育を問い直す』法律文化社,98頁。
14 山田正行［2004］,『希望への扉』同時代社。
15 坂元忠芳［2000］,『情動と感情の教育学』大月書店,254頁。
16 前掲坂元は,特攻作戦の生まれたレイテ戦について「まさに加害者的」

（253頁）と述べることを申し添えておきたい。
17 前掲坂元254頁。
18 堀江宗生［1982］,「平和教育学の方法論」「生活様式と平和」『平和研究』7号，93頁。
19 鈴木沙雄［1984］,「平和研究は『学』化を急ぐべきか」『ヒロシマ・ナガサキと平和秩序の探求』『平和研究』9号，105頁。
20 たとえば，佐藤一子［2006］,「Ⅵ章アクションリサーチと社会教育」『現代社会教育学──生涯学習社会への道程』東洋館出版社，など。

2019年6月25日

　　　　　　　　　　　　阿知良洋平［室蘭工業大学＝社会教育学］

目　次

巻　頭　言
いのちの胎動をとらえる学び
　　　………………………………………………阿知良洋平　i

● 依頼論文

1　米国の核言説と被ばくの不可視化
　　　核大国とはヒバク国………………………………田井中雅人　1

2　ヘイトスピーチをめぐり対話を深める日本・在日・韓国の高校生
　　　地域に根ざした平和学習交流20年………………小田切督剛　23

3　体験的沖縄戦後史
　　　生徒共に占領下の理不尽に抗したころ……………平良宗潤　47

● 活動報告

平和教育プロジェクト委員会
　　　……委員長　高部優子（23期）暉峻僚三（22期）・奥本京子（21期）　67

平和教育分科会報告……………………………………杉田明宏　71

● 投稿論文

4　政策効果論なき政策論争を超える道
　　　自衛隊と集団安全保障をめぐる潜在的論点………中村長史　79

5　人道支援の政治化の抑止
　　　国連ソマリア支援ミッションを事例に………………新沼　剛　99

6　トルコへの原発輸出に対する反対派の反応
　　　反原発運動参加者への聞き取り調査から…………森山拓也　119

● 書　評

「大学教育」が拓く平和の学びの未来 ……………………… 吉田直子　143
「特集　大学の平和教育」日本科学者会議編『日本の科学者』2018年1月号

日本平和学会の研究会活動 ……………… 日本平和学会事務局　149

SUMMARY …………………………………………………………　155

編　集　後　記 ………………………………………………………　161

日本平和学会設立趣意書

日本平和学会第23期役員

日本平和学会会則

● 依 頼 論 文

1 米国の核言説と被ばくの不可視化

核大国とはヒバク大国

田井中雅人

1　核は「必要悪」か「絶対悪」か

「広島・長崎への原爆投下による放射線は，生き残った人々を今も殺し続けています。核と人類は共存できません。それでも広島・長崎での残虐行為を戦争犯罪だと認めない人たちがいました。原爆は良い爆弾であり，戦争を終わらせたのだというプロパガンダを受け入れました。この神話こそが，今日も続く破滅的な核兵器開発競争を生み出しました。核兵器は必要悪（a necessary evil）ではありません。絶対悪（the ultimate evil）なのです」。

2017年12月10日，広島の被爆者サーロー節子さんは，ノルウェー・オスロでのノーベル平和賞授賞式でそう訴えた（https://www.youtube.com/watch?v = W_nIa520gu0）。

この年，国連で採択された核兵器禁止条約を推進した国際NGO「核兵器廃絶国際キャンペーン（ICAN）」を代表して，核兵器の非人道性を世界にアピールしたのだ。

しかし，米英仏など核保有国の駐ノルウェー大使らは式典を欠席し，当該国のメディアはサーローさんのスピーチをほとんど報じなかった。そし

て,「唯一の戦争被爆国」として核兵器廃絶を訴えてきたはずの日本政府も, 核保有国と歩調を合わせるように沈黙した。

　どうしてこのような「核」をめぐる態度の違いが起こるのだろうか。核といのちを考えるジャーナリストとして, 私は次のような問いを抱きながら発信している。

　核兵器は広島・長崎での実戦使用をはじめ, 世界各地での核実験によって人々に無用な被ばくをさせ, 世代を超えて人体に悪影響を及ぼし続けている。それは非人道的な「絶対悪」なのか, それでもなお世界の安全保障体制にとっての「必要悪」なのか。

　原発はどうだろうか。2011年3月の東日本大震災でメルトダウンした東京電力福島第一原子力発電所。放射性廃棄物や汚染水に手がつけられないまま, 影響はたいしたことがないとして, 多くの避難者らが援助を打ち切られて帰還を強いられている。また, 事故直後に東北沖で救援活動「トモダチ作戦」にあたった米国人兵士たちにも被ばくによるとみられる深刻な健康被害が続出しており, 米国の裁判所で争っている。それでも福島の復興をアピールする2020年の東京オリンピックを開催し, 日本のエネルギー源としての原発は粛々と再稼働させ, 他国にも原発輸出を進めるべきなのだろうか。

　このような問いを抱くにつけ, 軍事と産業の両面で核エネルギーを推進し続ける側にとっての「不都合な事実」を明らかにし, 世に問う営みをやめるわけにはいかない, と私は考えている。

　思い起こせば, 米英ソが主導して1970年に発効し, 1995年に無期限延長された核不拡散条約（NPT）の第6条は, 核兵器の保有が当面容認された米ソ英仏中の5カ国に核軍縮を誠実に交渉する義務を課した。その代わりに他の国々は核兵器を保有せず平和利用の権利が認められる「グランドバーゲン」がNPT体制の根幹である。2000年のNPT再検討会議で, 核保有国は核兵器廃絶への「明確な約束（unequivocal undertaking）」に合意した。ニューヨーク国連本部での再検討会議最終日, 時計を止めてのぎりぎ

りの攻防を見届けた私は，これで核兵器廃絶への光が見えたと感じた。

　しかし，2009年にチェコ・プラハで「核兵器を使用した唯一の国としての道義的責任」に触れたバラク・オバマ米大統領が誓った「核なき世界」への道筋は見えないどころか，それを継いだドナルド・トランプ大統領は2018年の「核態勢見直し（NPR）」で，「使える核」の開発方針をあらわにした。ロシアとの中距離核戦力（INF）全廃条約からの離脱をも表明し，「新冷戦」もささやかれる。成立半世紀を迎えようとするNPT体制は，核兵器廃絶への「明確な約束」といった過去の合意すらも「時代遅れの言葉に固執してはならない」（2018年11月1日，国連総会第1委員会でのロバート・ウッド米軍縮大使の演説）として，その存在意義を失い，終わりの始まりを迎えているのだろうか。

　日本は，広島・長崎への原爆攻撃，太平洋ビキニ環礁の核実験によるマグロ漁船「第五福竜丸」などの被ばく，そして福島の原発事故といった悲惨な核被害を経験してきたが，放射線被ばくと健康被害との因果関係の詳細については「わからない」とされ，ヒバクシャの存在は見えにくいままだ。そうした人々は，実は，核大国である米国にもたくさんいることが，取材を通じてわかった。

　その一方で，国際社会はまだ「必要悪」としての核を捨てられず，グローバルヒバクシャに「不条理」を与え続けている。実は，こうした「構造的暴力」を容認しているのは我々自身でもあるのではないだろうか。世論形成に影響力のあるアカデミズムやジャーナリズムの主流派が，核抑止論（「必要悪」）に与し，被ばくの実態解明の壁となって，核大国の被ばく者を含むグローバルヒバクシャの不可視化に一役買っていないだろうか。

　どうすれば呪縛から抜け出せるのだろうか。本稿では，主に米国の核をめぐる言説と被ばくの不可視化の側面から考えてみたい。

1　「歴史は勝者によってつくられる」——米国の核言説

　取材にあたり，私が大切にしているのは「ご縁」である。思いもよらな

かった深淵な世界へと導かれ，事前の思い込みがくつがえされることも少なくない。

「ニューヨークの郊外にも，広島で被爆された女性が暮らしていますよ」。国連本部で核兵器禁止条約関連の取材にあたっていた2016年の秋，現地在住の知人がそう教えてくれた。さっそく会いに行った。

森本富子ウェストさんは13歳のときに広島で被爆し，孤児となった。戦後，横浜に駐留した米兵メルビン・ウェストさんと出会い，渡米し，結婚した。メルビンさんの父親は戦時中，原爆開発を進めたフランクリン・ルーズベルト大統領の通信員だったという。まさに事実は小説より奇なりである。メルビンさんが語った言葉が強く印象に残った。

「歴史は勝者によってつくられる。でも，原爆は2度と使われてはならない」。

ルーズベルト大統領の生家はニューヨーク郊外のハイドパーク国立公園内に保存され，核開発の「マンハッタン計画」をともに進めた英国のウィンストン・チャーチル首相とルーズベルトが向かい合う銅像も展示されている。

「戦争大統領FDR」の業績をたたえるルーズベルト図書館（博物館）では，旧日本軍が真珠湾を攻撃したことを受けて，ルーズベルトが議会で対日宣戦に理解を求める「屈辱の日」演説（米時間1941年12月7日）の映像が繰り返し流されていた。日本が悪かったから原爆を使ったのだという「相殺」の論理を，現代の米国人の脳裏にも上書き保存しようとしているかのようだ。

さらに，そこでルーズベルトとチャーチルとの間で交わされたという「ハイドパーク覚書」（1944年9月18日）の展示に釘づけになった。

①チューブ・アロイズ（注：「管状合金」，核開発計画の暗号名）を管理したり使用したりすることについて国際的な協定を結ぶという考えを含め，チューブ・アロイズについて世界の人々に知らせるべきであるという提案は受け入れられなかった。本件は引き続き，最高機密の扱い

にしておかなくてはならない。しかし,「爆弾」が最終的に使用可能となったときには,熟慮のうえで,日本人（the Japanese）に対して使用されることになるだろう。彼らが降伏するまでは,この（爆弾による）爆撃が繰り返されるという警告をすべきである。
②チューブ・アロイズの開発における米英政府間の完全なる協力は,軍事面であれ産業面であれ,日本が敗北した後も,協定が破棄されない限り続けられるべきだ。

「マンハッタン計画」は,ナチス・ドイツに原爆開発で先を越されることを心配したユダヤ人科学者らがルーズベルトに働きかけて始まったといわれる。のちにナチスが原爆を開発する見込みがなくなったことがわかっても,米英首脳の間では原爆を「日本人（the Japanese）」に使用することが検討され,日本を戦争で打ち負かしたあとも,核エネルギーを軍事や産業に利用する構想を描いていたのだ。当初,核兵器と原発の開発は一体の構想であったといえよう。

米国に勝利をもたらしたとされる広島・長崎への原爆使用は,米国民の圧倒的支持を得た。1945年8月の原爆使用直後のギャラップ社の世論調査によると,85パーセントが支持を表明した。しかし,戦勝の熱狂が覚めると,原爆使用の正当性を問い,その非人道性を批判する言説が米メディアや宗教者から現れ始めた（田井中［2017］71頁）。

原爆使用から1年後の1946年8月,ニューヨーカー誌はジャーナリストのジョン・ハーシーのルポ「ヒロシマ」を掲載。続いて,サタデーレビュー紙のノーマン・カズンズも社説を書いた。すでに核兵器がもたらす放射線の人体影響を見通している。

「たとえば,我々は数千の日本人が,ここ数年のうちに原爆から放出された放射線によって,がんで死ぬことを知っているか。原爆は現実には殺人光線で,爆風と火災による被害は,人体組織に対する放射線で引き起こされた被害に比べ,二次的であることを知っているか。人間として,ヒロシマ・ナガサキの犯罪に責任を感じているか」。

この社説を読んだハーバード大学長ジェームズ・コナントが即座に反応した。化学者だったコナントは第一次世界大戦では毒ガスの開発にあたり，第二次世界大戦ではマンハッタン計画の責任者だったヘンリー・スティムソン陸軍長官に核政策を助言する暫定委員会で「原爆投下目標は，たくさんの労働者の家が周りを囲む軍事施設がよい」として婉曲的に無差別攻撃を勧告している。教育者でもあったコナントは，ハーシーやカズンズのような批判に反論しなければ，「歴史の歪曲」が起きうると考えたのである。
　引退していたスティムソンを説得し，1947年2月号のハーパーズ誌にスティムソンの署名で掲載された論文「原爆使用の決定」は，こう結論づけた。
　「原爆を使用せず，仮に日本本土上陸作戦を実施すれば，米軍だけでも100万人以上の死傷者を出すかもしれなかった」。
　この「スティムソン論文」の「100万人を救った」との言説が，第二次世界大戦を戦った米国民に広く浸透した。
　1995年の戦後50周年の節目に，米国立スミソニアン航空宇宙博物館のマーティン・ハーウィット館長は，原爆使用の全体像を示す展示を企画した。広島に原爆を落としたB29爆撃機エノラ・ゲイの機体とともに，広島・長崎から提供された被爆資料も並べて，包括的に米軍の戦略爆撃を見せようとした。ところが，退役軍人らが「スミソニアン博物館は，第二次世界大戦の（原爆使用を含む一連の）戦略爆撃に汚名を着せる意図をもって，エノラ・ゲイを展示の中心に使おうとしている。それは日本を犠牲者のように，米国を戦争犯罪者のように見せるだろう」（空軍協会）と猛反発。展示計画は頓挫し，館長は辞任に追い込まれた。その後，スミソニアンに展示されているエノラ・ゲイの機体には論争を呼ぶような説明は一切ない。
　戦後，広島の被爆者らの対面調査をした米国の精神医学者ロバート・リフトン氏は，米国人にとってヒロシマはなお「神経をひりひりさせる（raw nerve）」ことであり，手痛い経験なのだと指摘する。「1945年8月6日以来，米国人は自らがしでかしたことにどう向き合うかで苦闘をしてき

たのです。そのことをどう理解し，自国民や世界に対してどう説明するか。当初は，過度に単純化しようとしました。それは戦争を終わらせ，100万人を救うために必要だった，と」(田井中［2017］97頁)。

　1995年のスミソニアン論争当時，スミソニアン博物館のアドバイザーだったスタンフォード大学のバートン・バーンスティン名誉教授は，スティムソン論文による「公式見解」に異を唱えてきた。原爆使用の決定に関わった米軍のマーシャル将軍の日記の記述などから，日本本土に侵攻した場合の米側推計犠牲者数は６万数千人だと主張してきた。それでも，「修正主義」だとして，なお米国の主流の言説にはなっていない。バーンスティン教授は間接的に問いかける。

　「これは，人々が表立っては議論しない問題で，米国と日本のナショナリズムと深く関連している。ヒロヒト天皇が亡くなってから四半世紀以上になるというのに，国会で彼の戦争責任について議論を始めることが想像できますか」(田井中［2017］101頁)。

　ピュー・リサーチ・センターが2015年に発表した世論調査によると，原爆使用を正当化できると答える米国人の割合は56パーセントにまで減少した。とはいえ，今日もなお「100万人神話」は根強い。

　米国人作家スーザン・サザードさんは，故・谷口稜曄さんら５人の長崎の被爆者に聞き書きした著書『NAGASAKI』を2015年に出版した (Southard ［2015］)。

　「世界の人々にとって原爆は今も沸きあがるキノコ雲のイメージであり，遠い国の過去の出来事なのです。米国人のほとんどは，原爆が戦争を終わらせ，100万人を救ったという神話を今でも教えられているのです」。

　75パーセントの読者は共感してくれたが，25パーセントは否定的だ。旧日本軍の真珠湾攻撃や捕虜虐待などを示して，「日本人は当然の報いを受けた」と原爆の使用をなお正当化している。サザードさんの講演会場で声を上げたり，住所を調べて手紙を送りつけてきたりした人もいたという。

　米国人にとって，核兵器は力の象徴であり，敵に衝撃を与える兵器なの

であって，その後も放射線の影響に苦しむ被爆者たちに向き合いたくはない。米国人は自分が核兵器を使い，持ち続けることを正当化しながら，敵がそれを持って米国人に使うことを極度に恐れている。そうして核抑止論を考え出し，核兵器禁止条約を拒絶する。サザードさんはいう。

「考えてみれば，無差別に人々を殺傷し，その後も放射線で被ばくさせ続ける兵器の使用は，現代の定義で言えばテロリズム。米国人には倫理革命が必要です。私にできることは限られていますが，原爆は『あいまいな概念』などではなく，生身の人間に起きたことであり，それは私たち自身にも起きうると伝えることです」(田井中［2018］)。

核問題研究者ウォード・ウィルソン氏は「原爆は日米双方にとって，心地よい物語だった」と分析する。負け戦を続けた日本の指導者らへの非難を原爆がそらし，また，原爆によって米国が勝ったと日本がおだてることは，米国の国益にもかなう。米国の原爆が勝利をもたらしたのなら，アジアや世界における米国の影響力は高まり，マンハッタン計画に費やした約20億ドルは無駄ではなかったことになる。しかし，1945年8月6日の米国の原爆ではなく8月9日のソ連の参戦が日本の降伏の決定打で，米国が対日参戦から4年間できなかったことをソ連はたった4日間で成し遂げたとしたら，ソ連の影響力は大幅に拡大されただろう（ウィルソン［2016］47-49頁）。

原爆が日本を降伏させたとする陸軍航空隊（戦後に空軍として独立）の主張に対して，「原爆は効いていなかった」との見解が米軍内部にもある。ワシントンの海軍博物館の原爆の展示はこう説明している。

「広島・長崎への原爆使用によって13万5,000人の市民が犠牲になったが，日本軍にはほとんど影響を与えなかった。一方，ソ連の参戦は日本側の考えを変えた」。

原爆使用を承認したハリー・トルーマン大統領は戦後，原爆使用を表向きには正当化してきたが，残された手紙には後悔の念がにじむ。日本の降伏を促すため，広島に続いて，東京の完全破壊を勧める上院議員に対して，

トルーマンは1945年8月9日付でこう返信している。

「確かに戦時における日本は恐ろしく無慈悲で野蛮な国ですが，相手が野獣だからと言って，われわれ自身も同じようにふるまうべきだとは思えません。国家指導者たちが強情だからという理由で国民をも皆殺しにしてしまうことを私自身は大いに後悔しているのです。ご参考までに，私としては，極限までに必要でない限りは，それ（原爆）を使うつもりはありません。私の考えでは，ロシア（ソ連）が参戦すれば，日本はすぐに屈するでしょう。私の目的はできるだけ多くの米国人の命を救うことですが，日本人の女性や子供たちに対しても人間的な感情を持っているのです」（トルーマン図書館所蔵）。

2016年5月27日，バラク・オバマ氏は現職の米国大統領として初めて被爆地・広島を訪問した。被爆者らと握手や抱擁をしたが，謝罪することはなかった。被爆地がオバマ大統領引退の花道を飾る「貸座敷」（平岡敬・元広島市長）にされたと受け止めた市民も少なくない。

「死が空から降り，世界が変わってしまいました」。

オバマ氏の演説冒頭の一節について，アメリカン大学のピーター・カズニック歴史学教授は「能動的な主語がない。死は空から降ってくるものではない。オバマ氏は，表現をあいまいにして，米国の原爆投下責任を回避している」と批判した（朝日新聞取材班［2016］105頁）。

広島訪問に際して，カズニック教授ら米国の歴史家ら約70人がオバマ氏に要請書を提出し，謝罪はしないとしていた決定を再考し，自らが承認した1兆ドルの核兵器近代化予算の中止を表明するよう促していた。

「広島と長崎で残酷な終結を迎えることになった世界大戦は……」。

オバマ演説のこのくだりも，私には引っかかった。

「原爆が戦争を終わらせた」という米国で主流の言説を被爆地でも米国大統領が語ることで，ある種の普遍性を担保し，さりげなく「神話」を上書きする意図が感じられたからだ。

一方で，フィリピン・バターン半島で日本軍が捕虜たちに強いた「死の

行進 (death march)」を想起させる「行進 (march)」といった文言を使い，米国の原爆使用と日本軍の蛮行を「相殺」する伝統的な論理もにじませた。

米国の反核団体，米西部諸州法律財団のジャクリーン・カバッソー事務局長はこう訴える。

「米国大統領は被爆者に謝罪すべきです。少なくとも過ちだったと認めるべきだ。米国人一般の核に対する意識がすぐには変わらなくても，それが第一歩になる」（田井中［2018］）

マンハッタン計画の遺産である軍産複合体は，巨富と雇用を生み出す「無限機構」と化し，米国の地方自治体や政治家はこれに刃向かえない。さらに「米国第一」を掲げるトランプ政権のもとで軍事国家化に拍車がかかる。

2018年に発表した「核態勢見直し (NPR)」で「使える核」の開発方針をあらわにし，冷戦終結をもたらした INF 全廃条約からの離脱も表明した。国際条約や多国間主義に背を向ける姿勢は，「単独行動主義」を掲げて大義なきイラク戦争に突っ込んでいったブッシュ（子）政権を彷彿させる。そのブッシュ・トランプ両政権の中枢で影響力を行使しているのが，トランプ大統領補佐官のジョン・ボルトン氏だといわれる（たとえば，2019年1月14日，会川晴之「イラン攻撃計画を準備　米紙，ボルトン氏が昨年要請」毎日新聞デジタル〔https://mainichi.jp/articles/20190114/k00/00m/030/137000c〕）。一方，米国民の間では，移民政策や経済格差といった国内問題をめぐって分断が進み，国際情勢には関心が向かない。

カバッソー事務局長は訴える。

「情緒不安定なトランプ大統領の精神状態によっては，核兵器が本当に使われてしまうリスクが高まっています。日本が米国の核の傘を出て核兵器禁止条約に賛同すれば，真の局面転換者 (game changer) となり，国際社会に雪崩が起きる。米国民にとって核兵器禁止条約は，このうえない教育ツールになるでしょう。もう核兵器は必要ないのだ，と」（田井中［2018］）。

2　核大国はヒバク大国だった──米国の「緑の隠蔽」

　続いて，核大国・米国の被ばくの実態を見てみよう。広島・長崎への原爆使用を正当化し続ける一方で，核開発に伴う米国民自身の被ばくの実態が見えにくくなっているようだ。

　米政府は2015年，「マンハッタン計画」関連3施設を国立歴史公園に指定した。中枢施設があったニューメキシコ州ロスアラモス，広島原爆のウラン濃縮施設があったテネシー州オークリッジ，長崎原爆のプルトニウムを生産したワシントン州ハンフォードの3ヵ所。国立公園局とエネルギー省が3施設を整備し，2020年ごろの本格開園をめざすという。これに対して，広島，長崎両市は，国立公園化が核兵器の賛美につながらないよう米側に要請してきた。国立公園局のジョナサン・ジャビス局長は，公園化の狙いをこう説明する。

　「原爆について，米側の見方だけではなく，日本全体，特に広島・長崎で何が起きたかを100パーセント伝えていきたい。新たな国立公園には広島・長崎の被爆資料を常設展示したい」（田井中［2017］141頁）。

　あのスミソニアンの挫折の二の舞にならないだろうか。

　新たな国立歴史公園の目玉になりそうなハンフォードの「B原子炉」が博物館として，すでに公開されている。建屋の入り口に「世界初の本格原子炉」と書かれた看板があり，星条旗が翻っていた。制御室にはマンハッタン計画当時のままの計器類がずらりと並び，史上初のプルトニウム量産に成功したB原子炉の心臓部，2004本の管を組み合わせた巨大な黒鉛炉が見られる。技術者らの証言ビデオが流れ，戦時中の作業を誇らしげに振り返った。

　「こうして長崎に原爆を投下し，第二次世界大戦を終わらせたのです」。

　「マンハッタン計画」は米国の誇り。原爆は戦争を終わらせた「勝利の兵器」として語られていた。キノコ雲の写真やビデオはあるが，キノコ雲の下で起きたことの説明は一切ない。そこには，成功体験としての原爆開発物語ばかりが陳列されていた。

国立公園になれば国からの予算措置も見込め，見物客も増える。一石二鳥の町おこしというわけだ。ハンフォード周辺のジャガイモ畑の緑は美しく，売り出し中のワインも美味しい。
　その影で語られないのが，周辺住民らの被ばくの実態である。
　マンハッタン計画が始まった1940年代，ハンフォード施設では放射性廃棄物を敷地の土中に直接埋めていた。それが施設沿いを流れるコロンビア川に漏れて汚染した水を当時の住民らは飲んでいたという。
　ハンフォードの風下でそのころに生まれ，農業を営むトム・ベイリーさんは子どものころから病気がちで，皮膚がんを患い，無精子症と診断された。同年代の友達はほとんど亡くなり，兄弟もがんを患う。近所の女性たちは流産するなど，世代を超えて被曝の影響が続く。ベイリーさんの聞き取り調査で，健康被害が出た家に印をつけたハンフォード風下の「死の地図（the Death Mile）」ができあがった。
　旧ソ連のチェルノブイリで原発事故が起きた1986年，ハンフォードでも原発の安全性への懸念が高まった。ベイリーさんは「死の地図」を使ってメディアで告発し，地元の新聞記者とともにエネルギー省への情報公開請求を重ねて，約1万9,000ページもの機密文書を公開させた。それによると，ハンフォード施設からの放射性物質が大気，地下水，土壌，そしてコロンビア川にも広がっていることが明らかになった。中でも，1949年12月の「グリーン・ラン実験」では，287テラ（兆）ベクレルのヨウ素131と740テラベクレルのキセノン133といった放射性物質が大気中に意図的に放出され，風下の町に雨となって降り注ぎ，「ホットスポット」になったと記録されていた。原爆開発でソ連に追いつかれた米国は，ソ連と同じ条件でやるとどうなるか，その影響を調べていたのだった。
　これを受けて，ベイリーさんらさまざまな健康被害を抱える約5,000人が「風下住民（down winders）」と自称し，エネルギー省と契約を結ぶハンフォードの事業請負会社を提訴した。だが，被告の原子力産業側はベイリーさんらの健康被害はたばこやアルコールや食生活が原因だといって裁

判を引き延ばし，放射線との因果関係は一切認めない。提訴から30年，原告はあと50人ほどしか生き残っていないという。

それでもベイリーさんはあきらめない。残された最後の手段が「核の真実を語ることだ」と悟り，仲間とともに NPO を立ち上げた。名称は「コア（CORE：Consequences of Radiation Exposure）」。「放射線被ばくがもたらすもの」という意味だ。広島・長崎の原爆被爆者や福島の原発事故被災者，米国が水爆実験したマーシャル諸島ビキニ環礁のヒバクシャらと連携した「ヒバク博物館」をワシントン州シアトルにつくる構想を進めている（http://corehanford.nationbuilder.com/）。

「コア」の理事に就いたシカゴ大学のノーマ・フィールド名誉教授はこう主張する。

「マンハッタン計画を米国勝利の歴史として称賛せずに，自国民の命も犠牲にしていることこそ示すべきでしょう。福島原発事故後も原発を再稼働する日本政府も，人命軽視という点では米国と同じ。核が人類に強いる犠牲は世界共通なのです」。

ベイリーさんは福島第一原発事故後の2011年夏，長崎での原水爆禁止を求める集会に招かれた。日本人科学者が「福島の放射線は大丈夫。心配ない」と発言したのを聞いて，こう思った。

「ばかじゃないか。原子炉が３つも爆発したんだぞ。自分は科学者じゃなくてただの農民だけど，大丈夫じゃないことくらいはわかる」。

ベイリーさんの頭の中で，ハンフォードと福島がつながった。

「福島住民の放射線被ばくの『許容線量』を上げておいて，日本政府は『心配ない』って言っているんだろう。ここハンフォードでも同じさ。40年にわたって許容線量を上げ続け，がんで施設周辺の住民が次々と死んでいるのに，科学者は『これは安全なレベルの放射線量です』ってね」。

福島第一原発事故後，日本政府は放射線について「ただちに健康への影響はない」と繰り返した。年間１ミリシーベルトだった一般人の許容被ばく線量は年間20ミリシーベルトに引き上げられ，福島県外に避難した人た

ちの帰還政策が進められている。

ベイリーさんは問いかける。

「日本政府は『福島の放射線は大丈夫』と言って、東京オリンピックを2020年に開こうとしていると聞く。おめでたいことだが、福島の住民はどうなるのか。放射線はにおいも味もないから、被ばくしていても自覚症状はない。当面は大丈夫だとしても、10年後、20年後はどうだろうか。がんは、ゆっくりとやってくる」。

ハンフォードなどマンハッタン計画拠点施設の国立公園化について、監視団体「ハンフォード・チャレンジ」のトム・カーペンター弁護士は「緑の隠蔽（green wash）」だと批判する。「うわべだけきれいな公園にしたって、実際は違う。毒まみれの悪夢です」。

米当局の計画によると、施設の地中に埋めた177個のタンクに保管する5,600万ガロンもの高レベル放射性廃液をガラス固化処理しようとしている。仮にそれができたとしても、いったいどこに持って行けるのか。その間にも地中のタンクの老朽化が進み、177個のうち70個ほどのタンクから廃液が漏れている。ただの廃液ではない。兵器級プルトニウム生産によって凝縮された高濃度の放射性廃液だ。ピーナッツバターのような廃液に混じっている化学物質は水素爆発を引き起こしかねない。カーペンターさんは強調する。

「この状況での国立公園化は答えではない。ごまかしであり、誤ったメッセージを送るものです。徹底的に除染しないかぎり、汚れた土や川を将来の世代に残すことになってしまう」。

ところが、ハンフォードでは企業が安全性より営利を優先して、事故が起きる可能性に目をつぶっている。内部告発した技術者らを解雇して口封じもしている。

「当面の問題がなければそれでいいというような意識です。それこそが、ハンフォードで最も心配な点です。驚くべきことに、タンクに抱えてきた大量の放射性廃液を、これまでに1滴たりとも処理できていないのです

よ」。

3　漂流するトモダチ――もうひとつのフクシマ

　新たな米国人ヒバクシャたちも裁判を起こしている。2011年3月の福島第一原発事故直後から約1ヵ月，東北沖に展開した米海軍の原子力空母「ロナルド・レーガン」などで救援活動「トモダチ作戦」にあたった元乗組員らが，がんや白血病などさまざまな健康被害を訴えている。当時，東北の被災地に支援の手を差し伸べた彼らは「日米同盟の絆」の象徴であると英雄視されたが，いまでは日米両政府から見捨てられている。なぜなのか。

　2012年末に甲状腺障害などを訴えるレーガンの元乗組員ら8人が「福島第一原発を運転する東京電力が十分な情報を出さなかったため，危険なレベルまで被ばくさせられた」として米カリフォルニア州サンディエゴの連邦地裁に提訴。東電のほか，ゼネラル・エレクトリック（GE）やエバスコ，東芝，日立といった原発メーカーをも相手取り，医療基金の設立などを求めている。原告らは，原発事故による高レベルの放射性プルームにさらされた外部被ばくのほか，空母内で海水を脱塩した水（脱塩蒸留水）を飲んだりシャワーを浴びたりしたことによる内部（体内）被ばくの可能性も訴えている。だが，軍医らは「放射線との因果関係はない」と口をそろえ，国防総省が2014年6月に連邦議会に提出した報告書は「トモダチ作戦でレーガン乗組員らが浴びた推定被ばく線量は極めて少なく，健康被害が出るとは考えられない」と結論づけた。

　国防総省報告書がレーガン乗組員らの被ばくと健康被害との因果関係を否定した主な論拠は，国連放射線影響科学委員会（UNSCEAR）などが示す「潜伏期間」の考え方である。放射線由来の白血病の最低潜伏期間は2年，固形がんは5年。報告書によれば，約5,000人のレーガン乗組員のうち放射線由来の病気とみられるのは3人だけ。彼らの発症は「潜伏期間」より早かったので，トモダチ作戦以前に病気のプロセスが始まっていたこ

とを示唆しているとの論法だ。しかし，国防総省は「潜伏期間」をすぎたあとの報告はしていない。実際，2017年末までに400人を超えた原告のうち，死者9人，がん発症者は23人に増えている。

　原告団のリーダー格スティーブ・シモンズさんは，レーガンの艦載機部隊管理官だった。陸上勤務に移った2011年末，ワシントンで車を運転中に突然意識を失った。高熱が続き，脱毛，体重激減のほか，筋肉を切り裂くような痛みが腕や胸にも広がったが，軍医らは「原因不明」というばかり。やがて歩けなくなり，症状の広がりを抑えるため，両脚の切断手術を受けた。民間の専門医によって，ようやく被ばくの影響が認められた。

　シモンズさんは，レーガンのケースを「現代のエージェント・オレンジ（枯れ葉剤）」とたとえ，ベトナム戦争で使った枯れ葉剤の人体への影響を米軍が認めようとしないことに匹敵する「事件」だと訴えている。さらに，軍や政府だけでなく，メディアにも「都合の悪いことをコントロールして公表する」と批判。米メディアによるシモンズさんのインタビューでは，被ばくについて語った部分はカットされ，メディア側の都合によって編集されたという。ネット上では「シモンズは金銭欲のためだけに訴訟をしている」と中傷されている（田井中・ツジモト［2018］66-85頁）。

　レーガン乗組員らが被ばくしたこと自体は国防総省も認めているが，報告書によると，トモダチ作戦に従事した期間（60日換算）の推定平均被ばく線量は，全身が8ミリレム（0.08ミリシーベルト），甲状腺は110ミリレム（1.1ミリシーベルト）。「これほどの低線量の被ばくによって，がんなどの健康被害が生じるとは信じがたい」と結論づけている。しかし，原発事故当初のベント作業などによる高レベルの放射性プルームの風下に入った空母レーガンは，極めて強い放射線にさらされており，甲板要員らは口の中で「アルミニウムや銅貨のような金属の味」を感じ，まもなく下痢などの症状に見舞われたと証言している。

　山田國廣・京都精華大学名誉教授はこれを典型的な「初期被ばくの構図」とみるほか（山田［2017］57頁），矢ケ崎克馬・琉球大学名誉教授は

「放射性プルームの吸引内部被ばく」を指摘し，国防総省報告書について「問題は，吸収線量で考えなければならないのに，照射線量で表していること。原爆被爆者やチェルノブイリ原発事故被害者と同様に，切り捨て論で片づけられている」と批判する（田井中・ツジモト［2018］140-141頁）。海水も相当汚染されていたとみられ，空母の海水蒸留設備では除去できないトリチウムなどの放射性物質を，乗組員らが経口摂取して内部被ばくした可能性も指摘される。さらに，レーガン艦内には乗組員約5,000人全員分の被ばくを抑えるためのヨウ素剤を備えていたが，被災地におもむく一部の航空要員らにしか配布されず，しかも，そのことを隠蔽するために，「配布された」とする虚偽の書類に署名を強要されたとの複数の乗組員証言もある。

　では，乗組員らの健康をそこまでリスクにさらしながら展開されたトモダチ作戦とは何だったのか。そのネーミングが示唆するとおり，当時の日本の民主党政権下で，ぎくしゃくしていた日米関係を立て直す意図が米側にあったことは間違いない。当時のケビン・メア国務省日本部長が「沖縄の人々は，ゆすりの名人」と発言したとされ，沖縄の米海兵隊不要論が声高に語られるなか，東日本大震災発生を受けて，在沖縄米海兵隊は震災で孤立した宮城県気仙沼沖の離島・大島に駆けつけ，その有用性を見せつけた。空母レーガンを中心に米軍と自衛隊がかつてない規模の連携をしながら東北の被災地への人道支援を展開し，「日米同盟の絆」をアピールした。

　2015年4月に米議会で演説した安倍晋三首相は，改めてトモダチ作戦に触れて「希望を与えてくれた」と米側への謝意を示し，大規模除染作業を終えたとされる空母レーガンは同年10月に横須賀基地に配備された。日本外務省は「トモダチ作戦に従事した船であり，歓迎する」との声明を出した。2017年11月に初来日したトランプ大統領も横田基地で演説し，「トモダチ作戦は米国史上最大の人道支援任務であり，何千人もの日本人の命を救った」とたたえた。日米両政府は連携してトモダチ作戦によって日米同盟の絆が深まったと盛んにアピールしながら，その作戦によって苦境に置

かれている米国のトモダチのことには一切触れない。

　こうした人道支援の成果が表舞台で語られる裏で，もうひとつのトモダチ作戦も進められている。国防総省報告書によると，ワシントンD.C.では，国防総省と退役軍人省が連携して「トモダチ作戦記録」データベースを開設した。約1万7,000人のトモダチ作戦にあたった兵士のほか，当時，在日米軍基地などにいた米軍人・軍属らも合わせて7万5,000人以上の推計被曝線量について「信頼できる歴史記録」をつくるのが目的だとし，「マンハッタン計画」をルーツとする陸軍放射線研究所が包括的な報告書作成にあたる。フリーライターの石井康敬氏は「トモダチ作戦の二面性」を指摘し，米軍の放射線部隊が日本国内に大規模に展開して各地で放射線測定を行い，核テロ・原発事故への対応を記した危機管理マニュアルを実践した，まれなケースだったと分析する（石井［2017］3頁）。

　トモダチ作戦に従事したために健康を害したと訴えるレーガン乗組員ら。何の保障もないまま軍を追われ，医療保険もなく，わらにもすがる思いで訴訟に加わる人が増え続けている。病身の彼らは，けなげにも「自分たちの訴訟が先例になって，やはり十分に救済されていないというフクシマの人たちの傘になりたい」（リンゼイ・クーパー原告団長）という。不都合なデータをアンダーコントロールして，トモダチを使い捨てるのか。彼らの訴えは，ヒバクとニチベイドウメイの本質をも問うているのだろう。

2　核時代を終わらせるために

　本稿では，マンハッタン計画から始まり福島原発事故に至った核時代を一気に振り返った。そもそも放射線被ばくのリスクは許容できるものだという考え方が1950年代の米ソ冷戦期に確立し，核開発による被ばくの人体への影響は軽視されてきた。そして今日においても米国は，被ばくした人間のデータをせっせと収集し続けていることが，トモダチ作戦によって明らかになった。

国防総省がトモダチ作戦による被ばくと健康被害の因果関係を否定する論拠とし，福島原発事故の報告書も手がける UNSCEAR は，1955年に発足。マグロ漁船「第五福竜丸」などが被ばくした前年のビキニ水爆被災後に，米原子力委員会の科学者らによって設立された経緯がある。放射性降下物の人体への影響，とりわけ内部被曝の影響について研究を進める一方，公式発表の中では，その影響を軽視した言説を繰り返していたという。

　冷戦期の放射線被曝防護の基準について研究した故・中川保雄・神戸大学教授は「核・原子力開発のためにヒバクを強制する側が，それを強制される側に，ヒバクがやむをえないもので，我慢して受忍すべきものと思わせるために，科学的装いを凝らして作った社会的基準であり，原子力開発の推進策を政治的・経済的に支える行政的手段なのである」としている（中川［2011］225頁）。

　2019年初め，福島原発事故をめぐり，市民の同意なしに得た被ばく線量データを使い，しかも3分の1に過小評価していたという早野龍五・東京大学名誉教授らの論文が物議をかもした。放射線防護についての専門誌に英文で掲載された早野氏らの論文について疑義を唱えた黒川眞一・高エネルギー加速器研究機構名誉教授のレターが端緒となり，「不正」が明らかになった（たとえば，2019年1月10日，牧野淳一郎・神戸大学教授「データ不正提供疑惑・計算ミス発覚の個人被曝線量論文。早野教授は研究者として真摯な対応を」ハーパービジネスオンライン〔https://hbol.jp/183049〕）。

　早野氏は「意図的ではなかった」と釈明しているが，これまでの論文が国際機関のお墨つきとなって，国の放射線防護基準策定や原発避難者の帰還政策にも影響を与えてきたとされるだけに，責任は非常に重い。また，この見解を支持し，被ばくの危険性を口にすることが「風評被害」とでもいうような世論形成に加担してきた識者やジャーナリストらの立ち位置も問われよう。

　米国のマンハッタン計画の拠点ハンフォードと，旧ソ連の秘密核開発都市だったマヤークの労働者らを研究したケイト・ブラウン米メリーランド

州立大教授は，貧しかったはずの工場労働者に中流意識を持たせ，核兵器開発により被ばくしても，国への忠誠心を持ち続ける労働者らの「核の桃源郷（プルートピア）」（Brown［2013］）が生まれたと分析，「米ソ冷戦は終わったが，マンハッタン計画から続く核時代は終わっていない」と指摘する。

そして，ハンフォードのような国策依存構造が，米国の GE 製原発を受け入れた福島などにも植えつけられ，2020年の東京オリンピック誘致において，福島原発事故の影響は「アンダーコントロール」（安倍晋三首相）だとウソをついた日本政府が，避難住民らの福島への帰還政策を進め，放射線の危険性を見えなくする広報戦略が続いているとみる（田井中［2017］192頁）。今回の福島原発事故の論文の問題は，広報戦略の破綻とも映る。

核をめぐるこれからの議論は，自国と同盟国を守るためだけに核兵器に依存するかどうかといった核抑止論や，原発によるリスク・ベネフィット論を超えて，「ヒバクさせる側」と「ヒバクさせられる側」の関係性に焦点を当て，核兵器であれ原発であれ，核被害者の救済を中心に考えるべきではないだろうか。

「唯一の被爆国」を掲げる日本は，ハンフォードやビキニ環礁で人々をヒバクさせることによってつくられた米国の「核の傘」に安住しながら，他国の人々にヒバクを強要する側に立っていることを忘れてはならない。

核時代を終わらせるためには，「核の語られ方」を変え，ヒバクを可視化しなければならない。前文で「核兵器の使用による犠牲者（hibakusha）と核兵器の実験による被害者にもたらされた受け入れがたい苦痛と被害を心に留める」とうたい，核被害者の支援と環境改善（第6条）を盛る核兵器禁止条約の発効は，その突破口になるだろう。

ジャーナリズムの現場感覚とアカデミズムの深い考察。「二刀流」を模索する私は，それぞれの強みを融合し，国家や組織の枠を越えた個人の連帯によって，それぞれの体制維持のためのしがらみや自由な活動の壁となっているものを突き崩したいと考えている。

参考文献

Brown, Kate [2013], *Plutopia: Nuclear Families, Atomic Cities, and The Great Soviet and American Plutonium Disasters*, Oxford University Press.

Operation Tomodachi Registry Dose Assessment and Recording Working Group [2014], *TECHNICAL REPORT, Radiation Dose Assessments for Fleet-Based Individuals in Operation Tomodachi, Revision 1*.

Southard, Susan [2015], *NAGASAKI; Life After Nuclear War*, PENGUIN BOOKS.

The Office of the Assistant Secretary of Defense for Health Affairs [2014], *Final Report to the Congressional Defense Committees in Response to the Joint Explanatory Statement Accompanying the Department of Defense Appropriations Act, 2014, page 90, "Radiation Exposure"*.

朝日新聞取材班［2016］,『ヒロシマに来た大統領――「核の現実」とオバマの理想』筑摩書房。

石井康敬［2017］,『フクシマは核戦争の訓練場にされた――東日本大震災「トモダチ作戦」の真実と5年後のいま』旬報社。

ウィルソン, ウォード［2016］,『核兵器をめぐる5つの神話』法律文化社。

田井中雅人［2017］,『核に縛られる日本』角川書店。

田井中雅人［2018］,「核軍縮の「橋渡し役」日本のジレンマ「最後の被爆地」長崎で打開策を考える」WEBRONZA (https://webronza.asahi.com/politics/articles/2018112700005.html)。

田井中雅人, エィミ・ツジモト［2018］,『漂流するトモダチ――アメリカの被ばく裁判』朝日新聞出版。

中川保雄［2011］,『増補　放射線被曝の歴史――アメリカ原爆開発から福島原発事故まで』明石書店。

山田國廣［2017］,『初期被曝の衝撃――その被害と全貌』風媒社。

［朝日新聞核と人類取材センター記者］

2 ヘイトスピーチをめぐり対話を深める日本・在日・韓国の高校生

地域に根ざした平和学習交流20年

小田切 督剛

はじめに

2013年5月12日，日曜日の正午。筆者はJR川崎駅前に立っていた。川崎市役所で人権・同和・平和担当係長を務めていたが，業務命令による休日出勤ではない。「ヘイトスピーチを繰り返してきた団体が，川崎で初めて街頭集会を開く」と聞き，居ても立っても居られず駆けつけたのだ。駅前ロータリーの一角は，人込みでごったがえしていた。日章旗や旭日旗を林立させ，拡声器でがなり立てる人々。それを取り巻く警官たちを挟んで，小さな拡声器で抗議する人々。双方の怒声による，騒然とした雰囲気。抗議する人たちは思ったより少なく，圧倒的多数は周りで立ちすくむように見つめていた。よく見ると知った顔が何人もいる。みんな筆者と同じように，心配になって駆けつけたのだった。「まさか駅前でこんなことが」「これからも続くのだろうか」「どうしたらいいのだろうか」。

ヘイトスピーチは，聞いているだけで息が詰まる。胸の動悸が止まらない。虐殺や戦争は急に起こるのではない。言葉の暴力が日常生活を侵食し，精神を侵食する，こうした積み重ねから近づいてくるのだ。

1　課　題

1　川崎の地域性とハナ

　神奈川県川崎市は，工業都市として成長する過程で当時植民地であった朝鮮半島から多くの労働者を戦時労働動員などで集めたという歴史的経緯により，現在も多くの在日コリアン（以下「在日」）が住んでいる（神奈川県［1994］157頁）。

　在日の集住地域である川崎市川崎区桜本(さくらもと)での地域運動を土台に，1991年に大韓民国富川(プチョン)市の遠美富興(ウォンミブフン)市場と桜本商店街の市民交流が始まった。両市は1996年に友好都市協定を締結し，多彩な交流が行われてきた。高校生交流事業である「川崎・富川高校生フォーラム・ハナ」は2000年に始まり，2019年で20年目を迎えた。ハナに高校生として参加したOBと高校教員が共同代表を務める実行委員会が主催し，夏の交流会は富川市で，冬の交流会は川崎市で，それぞれ4泊5日で開催している。

　ハナは，川崎の地域性と密接に結びついている。桜本にある在日大韓基督教会川崎教会は，1969年に地域への奉仕活動の一環として桜本保育園を開設した。1970年に在日の青年が日立製作所から就職差別を受けると，教会の信徒たちが裁判闘争を支援し，1974年に勝訴を勝ち取った。判決を前に教会での集会で，「差別は民間企業だけでなく，自治体でもしているではないか」と怒りに満ちた意見が述べられ，川崎市への行政交渉が始まった。また，勝訴を機に，県立川崎高校の在日の高校生が校内新聞で就職差別の不当性を訴えた。これを受けて教員たちの取り組みが始まり，在日が本名を名乗る運動や進路保障（就職差別撤廃）を進めた。

　これらの運動が結びついた結果，1986年に川崎市在日外国人教育基本方針（1998年に川崎市外国人教育基本方針へ改定）が制定されるとともに，1988年に在日外国人と日本人の交流施設である川崎市ふれあい館が開館した（山田［2010］163-166頁）。同館の裵重度(ペチュンド)館長が実行委員長となり，地

域連携事業「アリラン祭(さい)」が1994年から2004年まで開かれた。「在日の生徒たちが学校の枠を越えて出会う」「在日の高校生と日本の高校生とが出会う」「地域の人たちと交流する」などを目的に，関心のある高校生が自由に参加し，音楽・舞踊，民族差別をテーマにした劇などを発表した（川崎市ふれあい館［2018］148-149頁）。

日韓の高校生交流の事例は数多い。ハナの特徴は，富川の高校生が富川市庁に提案し，アリラン祭の高校生が応えて日本・在日・韓国の3者交流を始めたことである。「ハナ」は，朝鮮半島の言葉で「一つ」を意味し，「はなっから」という表現があるように，日本語化した言葉でもある。「3者が，共同体験・共同学習・共同生活を通じて一つにつながり，東アジアに平和の花を咲かせよう」という意味から高校生が名づけた。当初は市職員の派遣や市所有バスの無償貸与などの支援があったが，それらは順次廃止され，現在は参加者の自己負担と，OB・OGや市民からのカンパによって続いている。

2 課題

日本・在日・韓国の高校生は，「K-POPとか共通の趣味でいくら仲良くなったって，歴史とかの話をしたらケンカになっちゃうだろうから，ホントの友達にはなれないよね……」という見えない壁を漠然と感じている。そんな壁を壊そうと，歴史，戦争・平和，差別・人権などのテーマを積極的に取り上げ，フォーラム（討論会）で議論してきた。2019年夏の第38回交流会まで，在日を13回テーマにしたほか，歴史教科書・共同教科書，日本軍「慰安婦」，南北分断・南北統一，靖国神社，関東大震災朝鮮人虐殺，独島(トクト)・竹島，安重根(アンジュングン)，ユネスコ世界文化遺産（軍艦島），旭日旗・戦犯旗，戦犯企業などをテーマにしてきた。

多様なテーマを学ぶ場を作り続けてきたが，平和教育・学習の成果をどのように地域で共有し蓄積していくのか，こうした場をどのように継続し支えていくかが課題となっている。本稿では，ヘイトスピーチをテーマに

2016年12月23〜27日に川崎で開かれ，まさにハナの真価が問われる実践となった第34回交流会を通して考えてみたい。

2　交流会に向けた事前学習

1　テーマの検討

　交流会のテーマは，両市の高校生が希望を出し合い，提案，逆提案をキャッチボールのように繰り返しながら絞り込んでいく。第34回交流会（冬ハナ）のテーマが「ヘイトスピーチ」に決まったのは，2016年8月に富川市で開いた第33回交流会（夏ハナ）からの流れだった。

　夏ハナのテーマは「南北問題と在日」だったが，在日に対する差別問題がフォーラムで話題になった。5月24日にヘイトスピーチ解消法（本邦外出身者に対する不当な差別的言動の解消に向けた取組の推進に関する法律）が成立し，6月2日に横浜地裁川崎支部が桜本でのヘイトデモを差し止める仮処分決定を出した。それにもかかわらず，6月5日にヘイトデモが川崎市中原区の中原平和公園で強行されようとしたが，1,000人もの市民の座り込みによる非暴力抵抗で中止された。特に6月2日の仮処分決定は『朝日新聞』など全国紙が1面トップで大きく報道した。夏ハナに向けた事前学習の時期にちょうど重なり，川崎の高校生（川崎ハナ）の印象に残ったため，フォーラムで富川の高校生（富川ハナ）へ紹介したのだった。

　富川ハナは，夏ハナが終わると一般市民向け報告会の準備を始めた。朝鮮学校に対する差別や，ヘイトスピーチをめぐる動きを知ったことが強い印象を与えたため，報告会のテーマを「差別と理解」に決めた。日本社会の動きが川崎ハナに影響を与え，交流を通じて富川ハナへと広がっていったのである。夏ハナから冬ハナへのテーマの連続性に見られるように，フォーラムでの議論はその場かぎりで終わらず，問題意識を深めて次の交流会につながっていく。

　富川ハナの活動は，富川2年T君の「それまでは，在日とはどういう存

在なのだろうと思っていた。会ってみると，何か悩みがあることを知り，心が痛んだ」という言葉とともに8月15日付『神奈川新聞』で大きく報道された。そして，この報道はもちろん，LINEやカカオトーク（韓国版のLINE），インスタグラムなどで川崎ハナにリアルタイムで伝わっていった。両市の高校生は，翻訳アプリや日韓英語を駆使して日常的に連絡している。

　川崎ハナと富川ハナは，毎月2～3回，平日夜や土日に集まり，交流会に向けた準備会議を開いている。8月30日の川崎ハナ第1回準備会議は，夏ハナの感想文を書いて持ち寄った。1年R君が「在日に対して何かできることをしたい」，1年Kさんも「朝鮮学校などに直接行ってみたい」と発表し，在日に関わる差別問題としてヘイトスピーチをテーマにすることを，富川ハナへ提案した。

　富川ハナは，9月17日に富川駅前，10月15日に富川市平生学習フェスティバルで，一般市民向けの報告会を開いた。「平生学習」は，日本でいう「生涯学習」にあたる。手作りの報告パネルを展示するとともに，朝鮮学校への応援カンパを街頭で呼びかけた。富川駅前での報告会に参加した川崎ハナOGが，10月5日の川崎ハナ準備会議で「ものすごく暑い中で募金を呼びかけていたけれど，お札をポンと入れてくれる人もいて，めっちゃ感動した！」と，タブレットで写真や映像を見せながら，現地の熱気を伝えた。交流会の準備を通じて，川崎ハナと富川ハナはお互いを刺激しつつ問題意識を深めていく。準備期間も相互作用・相互変容の過程である。

2　事前学習

　ヘイトスピーチがテーマに決まり，事前学習を始めた。川崎ハナは，10月21日の準備会議で神奈川朝鮮中高級学校の先生の話を聞いた。OB・OGも多数参加し，在日が直面している切迫した状況について学んだ。朝鮮学校へのヘイトスピーチの背景について，「朝鮮民主主義人民共和国について政治的なメディアによるニュースが流れるため，朝鮮学校のイメージが悪くなる」といった話を聞き，1年Mさんが「確かに，メディアで取り上

げられるのは悪いニュースばかり」と応えるなど，活発な意見交換になった。そして同校で開かれる「ウリミレフェスタ」に参加することになった。「ウリ」は「私たち」，「ミレ」は「未来」を意味する。在日の未来をともに考えようという企画である。また，冬ハナのフィールドワークで，桜本の社会福祉法人青丘社(せいきゅうしゃ)の話を聞くことになった。青丘社は6月2日の仮処分決定を導いた団体であり，経過や背景を詳しく聞くことができると考えたのである。

終了後にOB・OG会議を開いた。今後のサポートについて「狭い意味でのヘイトスピーチだけでなく，『誰もが差別する側になりうるし，気づかないうちに差別している危険性がある。みんなが加害者になるかもしれない』という危機感を感じてもらえたら成功だろう」などと話し合った。OB・OGは，ハナで活動した経験をもとに，テーマに合わせてどうサポートすればよいかを常に考えている。

富川ハナは10月29日の準備会議で，一人ひとり関心のある疑問点について調べていくことにした。2年Cさんは「嫌韓をしない人は，する人をどう見ているのか知りたい」とした。ヘイトスピーチは，外国人に対するものや性的少数者に対するものなど対象が幅広いが，韓国では対象の狭い「嫌韓示威(ヒョマンシウィ)」という呼び方が一般的だった。1年Mさんは「嫌韓」と「反日」を対にして考え，「日本での嫌韓に比べたら，韓国での反日は大したものではない。嫌韓を日本の市民はどうにかできるのか知りたい」とした。日本では「韓流の聖地」といわれる新大久保や，在日の集住地域である桜本や大阪市鶴橋をターゲットに嫌韓デモが行われているが，韓国では「日流の聖地」や日本人の集住地域で反日デモが行われているわけではない。

11月3日のウリミレフェスタには，川崎ハナとOB・OGに加え，富川からOB・OG5人が来日した。午前は，朝鮮学校の児童・生徒の合唱や舞踊を交えながら，神奈川での民族教育70年の歴史をふりかえった。また午後は，保護者の皆さんなどによるチヂミやキムチをいただきながら校庭で交流した。朝鮮学校の高校生はもちろん，「神奈川朝鮮学園を支援する会」

など市民団体の皆さんとも意見交換できた。富川ハナが一般市民から集めたカンパやメッセージ集を，OGから校長先生に手渡すこともできた。

11月11日の川崎ハナ準備会議は，「神奈川朝鮮学園を支援する会」の事務局長の話を聞いた。川崎でヘイトスピーチを繰り返してきた津崎尚道氏に対して，ふれあい館の職員が6月5日に中原平和公園で渡した手紙を資料として配った。「津崎さん。あなた方は私たちに『出ていけ。帰れ』と言いますが，私は帰る場所もないし，出ていくつもりもありません。差別をやめて共に生きようのメッセージを発信すると『文句があるなら帰れ』と攻撃を受けます。津崎さん。私たちは文句があるのではありません。共に生きようとラブコールをおくっているのです。（中略）津崎さん。その想いをどうか受け取ってください。そして，私たち出会い直しましょう」（神奈川新聞［2016］154頁）。意見交換では，1年Mさんが「『悪いイメージがあってひどいことを言っていたけれど，実際会ってみたら違った』ということもありうる。交流の機会を増やせばいいのでは？」と提案するなど，解決策にまで話は広がった。

11月19日の富川ハナ準備会議は，市民団体「アジア人権文化連帯」の幹事の話を聞いた。富川市内の外国人集住地域である江南(カンナム)市場に事務所を置き，多文化人権教育，人権文化活動，地域共同体活動，相談・支援などを行っている。「富川市嫌悪表現及び差別予防と措置に関する条例」の制定に向け，市議会議員などを交えた研究会を開いてきた。

韓国では，性的少数者の人権団体が中心となって2015年6月9日にソウルで開いた「第16回クィア文化祝祭」に，反対派が「同性愛は人権ではない」「血と汗で建てた国が同性愛で崩れる」などのプラカードを手に押しかけ大混乱に陥った。このため，2016年6月11日の第17回では性的少数者への誤解・偏見を解こうとさまざまな分野の研究者353人が連名でパンフレットを制作し無料配布するなど，大きな話題になっていた（『ハンギョレ21』〔2016年6月20日〕20-21頁）。富川での条例制定運動に対しても「イスラム教徒ISテロ反対」などのプラカードを手に市議会庁舎前で座り込み

写真1　川崎市平和館ミニ企画展
　　　「レイシズムにさよならを」

（出所）川崎市平和館。

が行われていた。「ISのようにテロを起こすイスラム教徒を嫌悪することは，差別ではない」と防止条例に反対しているのである。富川ハナは，韓国にもヘイトスピーチがあり，それらをなくすための法制度が必要であることを知った。こうした動きが日本社会と共通していることに気づき，「ヘイトスピーチは日本の嫌韓問題」という狭い理解を見直す機会となった。

　11月28日の川崎ハナ準備会議は，神奈川朝鮮中高級学校から7人の高校生を迎え，3グループに分かれて「しゃべり場」を開いた。ウリミレフェスタの感想から，校則・制服，K-POPなどの共通話題，そしてヘイトスピーチや「アルバイトを断られた」といった差別問題へと話は広がった。朝鮮学校1年Hさんは「メディアや統一やヘイトスピーチのことなどを話した。『日本人でもこんなこと考えている人いるんだ。よく知っていて，よく勉強しているな』と思った」と語ってくれた。

　また，冬ハナの最終日に川崎市平和館を訪問することになった。市民の長年にわたる粘り強い運動の結果，川崎市が1992年に設置した公立の平和

資料館であり，平和教育・学習に関わる専門機関として，川崎で大きな役割を果たしている。11月2日に市民団体「ヘイトスピーチを許さないかわさき市民ネットワーク」が川崎市と川崎市教育委員会に要請行動を行うなどの動きの中で，平和館は12月23日からミニ企画展「レイシズムにさよならを」を開催することになった。ちょうど冬ハナの開催期間でもあり，学習のまとめとして訪問することになったのである。

12月10日の富川ハナ準備会議は，「ヘイトスピーチと朝鮮学校，在日」をテーマに，韓国の大学で教えている日本人の政治学者の話を聞いた。OB・OGも参加し，ウリミレフェスタや川崎側の準備状況を報告した。

高校生は，事前学習を積み重ねながら，フォーラムでどんな小テーマについて話し合いたいか，少しずつ考えをまとめていく。この日富川ハナは，「①ヘイトスピーチはなぜ起こり，どの範囲までを指すか。②禁止すべきなのか，どこまで表現の自由なのか。③日常生活で自分が受けた差別（被害），してしまった差別（加害）に対して，自分は何ができ，ハナでは何ができるのか」の三つの小テーマをまとめ，川崎ハナに提案した。

事前学習では，テーマに関わる現場を直接訪問し，当事者から話を聞く。訪問後は振り返りの場を設け，訪問先で知り合った市民団体の方に講師を依頼するなどして，さらに深く学んでいく。また，事前学習には両市のOB・OGが参加し，ともに学んでいる。正確に通訳するためには正確な知識が不可欠であるし，自分自身の問題意識も深めていけるからである。

連絡担当の高校生は，準備会議のたびに会議録をまとめ，相手方に送る。OB・OGもまた，準備会議の様子を相手方のOB・OGに伝える。さらにOB・OGが両市を随時往復して，高校生に相手方の準備状況を伝え，交流会での議論がかみ合うように調整している。OB・OGは，ハナに関わり続けることで学習や経験を積み重ね，通訳はもちろん事前学習の講師や交流のコーディネーターを務めるほどに成長している。

3 レポート

事前学習で一人ひとり関心のある論点を絞ると,レポートをまとめる。OB・OGや学校の先生,図書館司書に訊きながら本やネットで調べ,出典(ネットの場合はURL)を明確にし,調べて感じた疑問などを書くことを大切にしている。出典は,フォーラムで事実に基づき討論できるよう,情報の出所を確認し,メディアリテラシーを身につけるため重要である。また感想は,実際のフォーラムではいきなり討論に入るよりも,感想から始める場合が多いため,重要なのである。まとめたレポートは準備会議で発表し,わかりにくい点を質問しあって加筆・修正する。完成版はOB・OGが分担し翻訳する。

12月16日の川崎ハナ準備会議は,翻訳された富川ハナ8人分のレポートを読み,話し合った。富川1年Jさんは,京都朝鮮第一初級学校の事件について「憲法13条にいう『公共の福祉』に反しており,表現の自由の濫用であって,法的保護に値しない」とした2014年7月8日の大阪高裁判決を詳しく紹介した。3年M君は「2011年9月27日に全州(チョンジュ)で行われたアジア・チャンピオンリーグの韓日戦で『日本の大地震をお祝いします』という垂れ幕を掲げた観客がいた」という事例をあげ,ヘイトスピーチとの関係を問題提起した。2年Mさんは「2012年8月10日のロンドン五輪男子サッカーの試合後,朴鍾佑(パクチョンウ)選手が『独島は私たちの土地』という紙を掲げた。観客から受け取った紙を掲げただけだったが,日本では(受け取ったときではなく)紙を掲げる写真だけを報道した」という事例をあげ,自国に偏った報道が原因ではないかと問題提起した。翻訳したレポートは,資料集として製本し交流会で配るが,事前に読んで疑問点などを整理しておくことで,フォーラムで議論がかみ合うようになる。

12月19日の川崎ハナ準備会議は,前回読んだレポートを参考に,フォーラムをどのように進めるか話し合った。午前はレポート発表と「グループ討論①日常生活で受けた差別・した差別」,昼食をはさんで「グループ討論②なぜ起こるか」と「グループ討論③解決策は何か,ハナで何ができる

写真2　フォーラムをどう進めるか話し合い

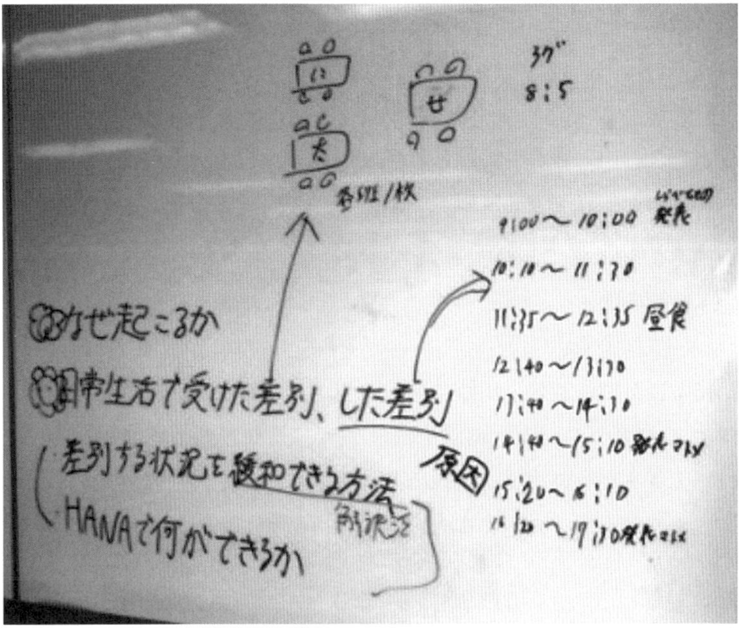

筆者撮影。

か」，最後に全体討論と決まった。

4　小　括

　富川ハナのヘイトスピーチへの問題意識は，「嫌韓の日本人による在日への差別」であり「自分たちが何か助けになりたい」というものだった。しかし事前学習やOB・OGのサポートにより，韓国社会にも存在するのだと気づいた。川崎ハナの問題意識も同様だったが，在日や支援者の話を直接聞くことで，自分もメディアなどの影響を知らず知らず受けていると気づいた。そして川崎・富川ともに，自分も差別する側・される側になりうると気づき，日常生活で受けた差別・した差別を振り返ることにした。
　高校生は事前学習を深めることで，「自分の疑問を相手に直接聞いてみ

たい」という思いが高まる。しかし，たとえSNSで日常的に連絡していても，たとえば富川ハナの「本当は『嫌韓する人の気持ちもわかる。仕方ない』と思っているのでは？」といった先入観は，簡単に拭えるものではない。直接顔を会わせ，フィールドワークで説明を聞きながら相手の反応を見たり，フォーラムで表情やしぐさを見ながら自然な感覚で議論したりと，同じ空間で学ぶことこそが相手への共感と信頼を生み出すのである。

3　交流会

　2016年12月23〜27日に川崎で第34回交流会が開かれ，富川から2年生と1年生4人ずつとOB・OG，サポーターが来日した。サポーターは，両市のさまざまな分野の交流団体の連合体である「市民交流会」の富川側メンバーなどである。4泊5日の多彩なプログラムの一部を報告したい。

1　フィールドワーク

　フィールドワークはふれあい館へバスで向かった。両市の高校生は，3日目ともなるとだいぶ打ち解けて，バスの中は日本語と韓国語を交えてにぎやかである。

　まず青丘社の事務局長であり，川崎ハナOGの保護者でもある三浦知人さんの話を聞いた。三浦OGも参加し，後輩を激励した。三浦さんは「在日一世の人たちは，皆さんと同じくらいの年頃まで朝鮮半島で暮らして，戦争のために日本に来て，その後ずっと日本に暮らしている。戦争が終わったときに20歳だった人が，もう91歳。そういう人たちのことを，一生懸命頭の中で想像してみてほしい」と語りかけた。「言葉もわからないで初めて日本に来て，ずっと苦労して暮らしてきて，90歳くらいになっている。ヘイトスピーチは，そういう人たちに『帰れ』とか『死ね』とか言っている」。富川1年Mさんは「私が考えていたよりもはるかに深刻で，多くの被害と苦しみを与えている問題だと感じた。在日は『歴史の被害者』なの

表1　第34回交流会のプログラム

	午前	午後	夜
23日（金）	羽田空港へ到着	歓迎会	ホームステイ
24日（土）	学校見学	グループ別自由探訪	
25日（日）	フィールドワーク		レクリエーション、合宿
26日（月）	フォーラム		OB・OGとの交流、合宿
27日（火）	評価会	まとめ	羽田空港から出発

に，韓国はなぜもっと関心を持ち，助けようとしないのか。韓国へ知らせるため私たちも努力しなければ」と語った。

次に，「ヘイトスピーチを許さないかわさき市民ネットワーク」事務局長であり，「市民交流会」の川崎側事務局長でもある山田貴夫さんの話を聞いた。差別に負けずに闘う地域社会を作ろうと，1969年に桜本保育園，1973年に青丘社を作り活動してきた歴史を語った。桜本保育園では，在日の子どもたちを日本式の通名でなく本名で呼ぶとともに，日本人保護者も含めて「アンニョン！」と挨拶して韓国語に触れる機会を作ってきたと紹介した。富川2年Mさんは「在日が『差別を受けるのでは』と使えなかった名前を，保育園で使えるようにしているのはすごい。こうして差別や偏見をなくせると思う」と語った。

続いて，桜本でのヘイトスピーチと，それに対する非暴力抵抗を記録したドキュメンタリーを見た。川崎1年R君は「びっくりした。どんな気持ちでヘイトスピーチをするのだろう。されている人の気持ちを考えているのか。逆にヘイトスピーチに反対する人はどんな気持ちなのかなど，さまざまな思いが頭に浮かんだ」。同じくMさんは「ヘイトデモをしながら楽しそうに笑っている人を見つけた。在日がどうこうというより，快楽を求めてデモしている人も少なからずいるように感じる」。富川1年Yさんは「ヘイトデモを止めようと努力している幼い男子中学生を見て，私たちももっと努力しなくてはと思った」，同じくMさんは「泣きそうになった」と語った。

写真3　桜本の町で学ぶ

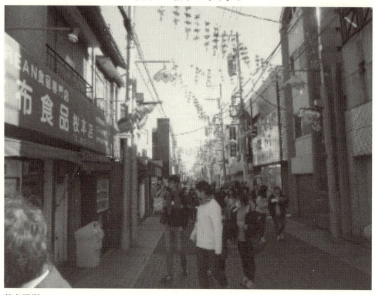

筆者撮影。

　ここで外に出て、ドキュメンタリーで見たデモと抵抗の現場を、三浦さんと山田さんの案内で歩いた。戦争とともに形成された工場地帯に隣接し、そこで働く人の町として発展してきた桜本の歴史を、川崎教会、さくら小学校、桜本保育園、桜本商店街などを回りながら学んだ。町内には川崎朝鮮初級学校があり、同校出身の川崎2年S君やOGが、地元ならではの解説を加える。三浦さんが説明の合間に通りがかりの人に微笑んで挨拶する姿を見て、ここが普段の暮らしの場、生活の空間であることを実感する。富川1年Yさんは「町の中は本当に平和で、ゴミがほとんどなくきれい。ここでヘイトスピーチが行われたとは驚き」、同じくMさんは「こんな道で、ヘイトスピーチみたいな恐ろしいことが起きたなんて……。住民の方たちが感じた恐怖や恐ろしさを、少しでも理解できる」と語った。

　ふれあい館に戻り、2グループに分かれて感想を1時間ほど話し合った。在日のOGと富川在住の日本人OGが通訳に入る。大人数の前では緊張し

がちなので，皆が話しやすいようにと少人数にしたのである。川崎1年J さんが「ヘイトスピーチで『帰れ』と言うのを見て，同じ日本人として，責任を感じる」と暗い表情で話すと，傍で聞いていた三浦さんが「国境には高さがある。国境を高くしようとする人もいれば，低くしようとする人もいる。皆さんは国境を低くする人になってほしい」と微笑んだ。富川1年Yさんも「本当に私たちはそうなりたい。社会が在日を受け入れるように，考えを一つずつ直していかなければと思う」と語った。

それぞれのグループでどのような感想が出たか，川崎1年Mさんと2年S君が発表した。S君は発表に加えて「初めてヘイトスピーチを見たのは，朝鮮学校への高校無償化を求めて1,000人でデモしたらヘイト団体が500人来たときだった。日章旗を持って暴言を吐くなんて，自分の国に誇りはないのか，恥ずかしくないのかと思った。また，それを保護していた警察官も，正義ではなく法を守るしかないとは，悔しいのではないかと思った」と語った。

最後にまとめとして三浦さんが「2016年7月26日に相模原市で，19人が亡くなり26人が重軽傷を負う障害者施設殺傷事件が起こった。この事件とヘイトスピーチの根っこは一緒。『殺すぞ』ではなく『殺せ』と皆に呼びかけている。ある社会的集団の排除を主張することが韓国社会にもないか，考えてほしい」と話した。高校生たちは熱心にメモしている。

バスに乗って合宿先へ移動し，丸く椅子を並べお互いの顔が見えるようにして，感想の発表を続けた。正面に貼った模造紙にOB・OGが日韓両言語で板書していくが，熱い言葉でみるみるいっぱいになっていく。川崎1年Mさんは「最も印象的だったのは，『殺すぞ』ではなく『殺せ』と呼びかけていたという話。『殺せ』という言葉は，どこか他人任せで，まるで『嫌悪しているのは自分だけでない。皆も同じように感じているのだ』と錯覚させる。同志がいると思うことは，ヘイトデモを行うことへの責任感を『みんながいるから大丈夫』と軽くさせる。影響力のある人・言葉巧みな人がヘイトデモに参加したら，ナチスドイツのときのように，市民が

扇動されてしまうのではないかと恐ろしく思う」。富川2年Mさんは「ヘイトスピーチを受けた在日が感じた恐怖，差別，無視などが，どれだけ深刻か。そしてそれをなくすために多くの人たちが努力していることを知った。日本国内だけではなく，朝鮮半島でも努力しなければいけないと思った」と語った。

話し合う場をいろいろな形で設け，フィールドワークで学んだことや，新たに浮かんだ疑問を丁寧に共有することが，翌日のフォーラムで議論を深めることにつながるのである。

2 フォーラム

4日目は，朝から夜までフォーラムである。会場の壁には2枚の模造紙が貼ってある。1枚は，昨日の感想発表をまとめた模造紙で，一人ひとり個性的でありながら共通する感想や疑問がわかりやすい。もう1枚は，高校生たちが昨日の感想を参考に夜通し議論して手直しし，OB・OGの助けで翻訳したタイムテーブル。

最初にレポート発表。すでに準備会議で読んでいるため，思い出せる程度に概略だけ説明する。続いて，グループ討論①「日常生活で受けた差別・した差別」。討論の入口として，ヘイトスピーチに見られる偏見や暴力を，日常の偏見やいじめとつなげて，自分の生活を振り返ってみる。差別を受けた経験・した経験の有無を聞き，さらに川崎と富川，学年，性別が偏らないよう3グループに分かれ，少人数で話しやすくする。そして，OB・OGが各グループに2人ずつ入り，議論がかみ合うよう通訳する。

川崎1年R君は「小5のときにいじめに加担した。言葉の暴力，暴行，物を隠したり，無視したりした。反省して小6のときにいじめをなくそうとしたら，逆に自分がターゲットにされた」と話した。富川2年Mさんが「いじめをなくそうと努力したのは，かっこいい。誰も怖くてできないことをしたんだから」と応えた。川崎1年Iさんは，アメリカ人のクォーターである外見を理由に，小2のときに「宇宙人」といじめられたことを話

写真4　高校生たちが作ったタイムテーブル

9:00〜10:00	レポート発表　리포트 발표
10:30〜11:30	日常生活で受けた差別, した差別　일상생활에서 내가 받은 (피해), 한 (가해) 차별은 어떤 것이 있을까
11:35〜12:35	昼食　점심
12:40〜13:30	ヘイトスピーチはなぜ起こるのか？Part 1　헤이트 스피치는 왜 생길까? Part 1
13:40〜14:30	ヘイトスピーチはなぜ起こるのか？Part 2　헤이트 스피치는 왜 생길까? Part 2
14:40〜15:10	発表マトメ　발표, 전체토론
15:20〜16:10	差別するな人と緩和できる方法/HANAで何ができるか　차별하는 상황을 완화할 수 있는 방법/HANA에서 할 수 있는 일은 무엇일까
16:20〜17:30	発表マトメ　발표, 전체토론

筆者撮影。

した。富川1年Mさんは，学校の先生から無視されたり，言葉でひどい差別を受けたりしたことを話した。富川2年Yさんは「皆が話してくれた差別の話にとても驚いた」という。他人に話す機会のない，幼い頃の忘れられない体験を話し合った。

　各グループでどのような話が出たか発表した。川崎1年Mさんが「私たちはよく『自分は完全な被害者である』と思い違いをするし，中にはそれを盾に，恥ずかしげもなく相手に罵詈雑言を浴びせる人もいる。けれど被害者であることは免罪符ではないし，『相手を傷つけた途端に自分が加害者になるのだ』という自覚を，常に持たなければならない」とまとめた。

　昼食をはさんで，グループ討論②「ヘイトスピーチはなぜ起こるのか？」。ブレーンストーミングとして，マインドマップの手法で一人ひとりの考えを模造紙にまとめてみた。中央に「ヘイトスピーチ」を置き，そこから連想する「メディア」「ターゲット」などの言葉を周りに書き込んでいく。話し合いながら，他のメンバーが書いた言葉に，自分の言葉をつなげていくことで，イメージを広げつつ共有していく手法である。川崎1年Iさんは「学校にいる友達や普通に街を歩いている人の韓国や朝鮮に対するイメージはどうなのか，すごく気になる」と話し，同じくMさんは

写真5　マインドマップで話し合う

筆者撮影。

「恥ずかしながら私は、ハナに入るまで在日について全く知らなかった。日本が韓国・朝鮮に対して何を行ったか、なぜ現在対立しているのか。私たちはそのようなことをろくに教えられず、韓国・朝鮮の良くないニュースばかり聞いてきた。そのために、政治家のイメージがそのまま国民のイメージとなっている人や、一部の反日派の過激な行動を見て嫌いになる人も多いように感じる」と語った。

マインドマップで少しずつ問題を分類し、いくつかのまとまりが見えてきた。富川1年Mさんは「豊臣秀吉の朝鮮侵略以来、政府への不満をそらそうと朝鮮を敵対視してきた」という歴史的な問題が、川崎1年Mさんはメディアと情報の伝わり方の問題が、富川2年Aさんは「在留資格を『特別永住』というのが、何か『特別』に見えるのでは」という法制度の問題がある、とそれぞれ指摘した。

各グループでどのような意見が出たか、模造紙にまとめたものを発表しながら議論した。富川1年Mさんと川崎1年Iさんがともにあげたのは、

教育の問題だった。Mさんは「韓国では『点数第一主義の教育により思考が単純化しているのではないか』と問題になっている。そんな人たちがメディアに流されてしまう傾向があり，ヘイトスピーチにつながっているのではないか」と指摘し，Iさんも「そう思う。報道には事実と報道機関の意見が混じっているのに，分けて捉えられなくなる」と頷いた。

　OB・OGが差し入れたおやつでの休憩をはさんで，いよいよグループ討論③「差別する状況を緩和できる方法～ハナで何ができるか」である。ポストイットを配り，これまでの討論を踏まえた解決策を，何枚でも書き出してみる。一人ひとり順番に発表し，KJ法の手法で，似た解決策を模造紙上にグルーピングしていく。

　各グループでどのような解決策が出たか発表した。各グループに共通していたのは，問題点をメディア，教育，法制度などに分けた上で，解決策を社会全体で取り組むものとハナで実践できるものに分けてまとめたことだった。前者については「在日について教科書できちんと教育しよう」「ヘイトスピーチ規制条例を作ろう」などさまざまなアイデアが出た。後者についても「メディアが自国に偏った報道をしていないか，比較するサイトを作ろう」といったアイデアのほか，富川2年Yさんが「一般市民向けの報告会を，一生懸命準備したい。少しでも多くの人にヘイトスピーチの深刻さを知らせたい」と語り，富川1年Mさんは「日本だけでなく，韓国で起きているヘイトスピーチや法制度など，もっと学習したい」。同じくYさんは「『お前，レズビアンか？』『ゲイだろ？』といった，同性愛者に対するヘイトスピーチも考えなければ」と語った。富川2年Mさんが「在日のS君がヘイトスピーチについてたくさん教えてくれたおかげで，解決策がたくさん出てきた。私たちが日常生活の中でできることもあるし，ちょっとしたことでも大きな力になる」と微笑んだように，自分の力でいろいろな解決策を考え出せたことが自信につながった。

　フォーラムの最後に，全体討論を行った。三つのグループがまとめた模造紙を囲んで輪になり，「特に自分が実践したいこと」を話し合った。正

写真6　終了時間を超えて全体討論

筆者撮影。

面に貼った模造紙に，OB・OGが日韓両言語で板書していく。朝からのフォーラムで疲れているはずだが，問題意識が広がり今後の実践が具体的に見えてきたためか，表情は明るい。川崎1年Kさんは「ハナは日本・在日・韓国の3者がいるので，たくさんの目線から話したり聞いたりできる。3者交流を続けることが，いろいろなことを変えていくことに一番つながるのでは？」。同じくR君が「ヘイトスピーチのターゲットになっている朝鮮学校を支援したい」と言うと，朝鮮学校出身ではない在日の2年C君が「賛成」と応じる。富川1年Mさんも「朝鮮学校を訪問したい」と提案した。予定していた終了時間を超えて，討論は続いた。川崎2年S君がまとめとして「メディアに操作されない，揺るぎない信念を持とう。また，『朝鮮学校を支援したい』というのはありがたいが，『支援してあげる』のではなく，『一緒にやっていく』という意識を持とう」と呼びかけ，皆の大きな拍手と歓声の中で，フォーラムを終えた。

3　川崎市平和館

5日目は冬ハナ最後の日である。学習のまとめとして，川崎市平和館のミニ企画展「レイシズムにさよならを」を見学した。暉峻僚三専門調査員は，高校生にまず「30秒で自己紹介してみよう」と促した。「自己紹介では，一般的に『自分はどこに属しているか』という属性情報を発信するが，趣味など自分の意志で変えられる属性と，性や国籍，民族など簡単には変えられない属性がある。レイシズムは後者に対する差別」。そして展示パネルに沿って「日本でレイシズムを禁止する法は，憲法14条やヘイトスピーチ対策法など法体系が整っているとは言えず，あまり具体的な内容がない。しかし世界では，レイシズムを法律で非常に厳しく禁じている国が少なくない」と，レイシズム単独では罰しないが犯罪の理由にレイシズムが含まれると罪が重くなるアメリカの例と，レイシズムつまり憎悪表現や扇動を公共の場に出すこと自体を禁止するヨーロッパ諸国の例を紹介した。さらに「法があっても，どう運用されるかが重要」と，イスラムフォビアの例を紹介した。高校生たちは疲れているはずだが，熱心にメモする。富川1年Sさんは「世界各地で起きているヘイトスピーチを知ってとても衝撃的だった。もっと勉強しなくては」と語った。

続いて，インタビュー映像「在日として感じてきた差別」を見た。「日本人が近づいてこない」「日本人に親切にしてもらったことはない」という一世，「『うちの会社で働くなら，韓国名ではなく日本名にしてくれ』と言われた」「結婚に反対された」という二世，「小3のときに『朝鮮人は朝鮮に帰れ』といじめられたが，黙っているしかなかった」という三世。生々しい話に，高校生たちも神妙に見入る。富川2年Mさんは「直接お会いしてもっといろいろなお話を聞けたら，さらに心に響くと思う」と語った。

最後にまとめとして暉峻さんが「レイシズムは，究極的にはジェノサイトに至る。ジェノサイドで一番大きな役割を果たすのは，傍観者。何もしないことで，行為者にゴーサインを出している」と強調して見学を終えた。

バスで羽田空港に向かい，涙の別れで冬ハナが終わった。

4　小括とその後のハナ

　ハナは，高校生の声やアイデアをもとにプログラムを組んできた。これらのプログラムは，歴代の高校生が一つひとつ手作りで積み上げてきた，試行錯誤の結晶である。

　前半2泊のホームステイや自由探訪で交流を深め，信頼関係ができてきたところでフィールドワークを行った。事前学習では知りえなかった，ヘイトスピーチの被害の深刻さや，市民の自主的な活動の大切さを実感した。そして学んできたことのすべてをフォーラムで発揮した。歴史，メディア，教育など複合的な原因に気づくとともに，日韓だけでなく全世界でさまざまな取り組みが進められていることを知り，自分たちに実践できることを共同で考え抜いた。

　その後，高校生たちは冬ハナで話し合ったことを次々と実践していった。川崎ハナは，2017年1月8日に市民団体の学習会で，三浦さんと並んで「共に生きる地域社会をめざして」をテーマに発表した。富川ハナは，同年2月18日に市内の上洞（サンドン）駅前で，一般市民向けの報告会を開いた。また，1年Mさんは地域新聞に「『ヘイトスピーチ』を知っていますか？」を寄稿した。問題意識をさらに深め，ヘイトスピーチのターゲットとなっている課題について，2017年夏の第35回交流会（富川）で日本軍「慰安婦」被害者を訪問し，同年冬の第36回（川崎）で神奈川朝鮮中高級学校を訪問した。2018年冬の第38回（川崎）は「旭日旗・戦犯旗」「独島・竹島」「戦犯企業」の三つをテーマにした。ヘイト団体は旭日旗を掲げて竹島や賠償問題で嫌韓を煽っているのであり，問題意識の深まりがわかる。レポートをまとめた資料集は100頁に達した。2019年夏の第39回（富川）は，ヘイトスピーチを含む「反日・嫌韓」と日本軍「慰安婦」がテーマである。

おわりに

　本稿の課題は，平和教育・学習の成果をどのように地域で共有し蓄積し

ていくのか，こうした場をどのように継続し支えていくかを明らかにすることだった。

第38回交流会の後，講師から「高校生の姿，関係を見て，交流の蓄積を感じました。旭日旗，竹島＝独島などという非常にセンシティブな問題についても，きちんと調査し，ヒートアップせずに議論できる，そういう関係が築かれていることがよくわかりました」というメールをいただいた。

私は自治体職員としての経験から，教育基本法に基づく「教育の中立性」とは，多様な対立意見を公正に扱い，センシティブな問題について対話を促進することであると考えてきた。両市のOB・OGが信頼し合い活動する姿を見て，高校生たちは「センシティブな問題も，決裂せずに議論できる」と自然に学んでいるのである。

平和教育・学習は人づくりに尽きる。実行委員会の共同代表を務めるE君は川崎市役所に就職し，交換派遣職員として富川市庁でも働いた。富川ハナOBで「市民交流会」の事務局長を務めるW君は，川崎ハナOGと結婚し富川教育支援庁で働いている。知識や経験を積んだOB・OGが，地域で働き生活しながらハナの活動を支えるという好循環が生まれている。

参考文献

神奈川県［1994］，神奈川と朝鮮の関係史調査委員会編『神奈川と朝鮮』。
神奈川新聞「時代の正体」取材班［2016］，『ヘイトデモをとめた街──川崎・桜本の人びと』現代思潮新社。
川崎市ふれあい館・桜本こども文化センター［2018］，『だれもが力いっぱい生きていくために』。
「嫌悪の時代を超える方法──国内研究者353名『性少数者嫌悪に立ち向かい共存』呼訴する立場文発表」『ハンギョレ21』2016年6月20日。
山田貴夫［2010］，「外国籍住民と地方自治体」五十嵐暁郎・佐々木寛・福山清蔵編著『地方自治体の安全保障』明石書店。

［元立教大学非常勤講師＝政治学］

3 体験的沖縄戦後史

生徒共に占領下の理不尽に抗したころ

平良　宗潤

はじめに

　沖縄戦では国体護持の捨て石にされ，戦後は日本独立の生け贄としてアメリカに献げられた沖縄は，まさに太平洋の孤児であった。アメリカ軍と沖縄住民は猫と鼠の関係にあり，「鼠は猫の許す範囲しか遊べない」といわれた。この沖縄の暗黒時代を切り開いたのは，「鉄の暴風」，地獄の戦場を生き延びた沖縄県民の平和と民主主義を求める力であった。
　沖縄戦後の平和教育は捕虜収容所の中からさまざまな要求を含む祖国復帰運動として展開された。「艦砲ぬ喰えー残さー」と自嘲し揶揄されながら，「基地と軍政」に反対して闘ってきた。その「目指す行く手は祖国の春」であったが，「復帰」して今なお米軍基地は存続し，日米安保体制の軛は沖縄の人々を苛んでいる。
　本稿は，米軍占領下に生きた教師の実体験とその間に垣間見た生徒たちの姿である。

1　太平洋の要石で

1　朝鮮戦争の頃，スクラップブーム

　物心ついたとき，沖縄には米軍の基地が置かれていた。身近なところで

は、与座泉（よざがー）が米軍に接収され、大きな水道管が敷設され、米軍の小禄（現那覇）飛行場へ送水していた。戦前の「水郷」のムラは干上がり天水田か「田倒し」による甘蔗畑に変わった。水源地周辺は居住を許されなかった。地域住民の貴重な飲料水、高嶺製糖工場や軽便鉄道高嶺駅への給水、地元はもとより近隣の東風平、兼城村の一部集落への灌漑用水として水田や藺草（いぐさ＝畳・ござ、むしろなどの原材料）栽培に利用されていた。

1950年、まだ戦争の硝煙が残っていた。与座岳ではカンカン照りの日には自然発火で不発弾がたびたび爆発し、山火事になった。人々は貧しく毎日の生活に追われていた。就学が困難で学校を中退することも多かった。わが家の上の2人の姉は女中奉公か住み込み店員になって「未亡人」と呼ばれる母をたすけた。

小学校4年のときに始まった朝鮮戦争時は灯火管制があった。夜、サイレンが鳴ると、雨戸を閉め、ランプの灯を小さくし布で覆った。担任は毎日のように新聞から戦況を伝えた。とくにマッカーサーの仁川上陸作戦は略図を描いて説明した。南に侵入してきた敵に、楔を打ち込むように分断した「くるみ割り作戦」は一挙に戦勢を挽回した痛快な話しだった。

朝鮮戦争は「スクラップブーム（くず鉄拾い）」も現出した。大きな艦砲の穴は共同のチリ捨て場になっていたが、鉄類は何でも売れる時代になって、人々は一度捨てた不発弾や機銃弾を掘り出しはじめた。火薬を抜き取り、薬莢の真鍮部分だけを集めて売った。子どもたちも砲弾の破片や真鍮を探して小遣い稼ぎをした。だが、火薬抜き取りに失敗した大人が爆死したり、火薬に火をつけて花火代わりに遊んで大けがをした子どももいて、スクラップブームは命を落としかねない危険な一面を持っていた。まして、小遣い稼ぎが朝鮮戦争と結びついていたとは考えも及ばなかった。

2　憲法は24条から学んだ

中学1年の地理の時間に憲法を学んだ。いま考えると、かなりユニークな憲法学習であった。対日講和条約が発効（1952年4月）し、アイク（ド

ワイト・アイゼンハワー米大統領）の沖縄無期限保有声明（1954年１月）が出て，復帰運動はアカと攻撃された当時，沖縄を切り離して「独立」した日本をどのように理解させるのか，米軍統治下での自らの生き方を問い返しながら教師として苦悩したに違いない。

　先生は憲法24条を代わる代わる朗読させ，全員が暗唱するまで続けた。おかげで，第24条（婚姻の成立）はいまでも覚えている。結婚相手は自由に選べる，古い「家」に縛られる必要はない，結婚は本人同士が決めるのだとわかった。そして戦争によって多くのものを失った反省から，日本は二度と戦争をしない平和な国になったこと，男女平等と民主主義を，主権在民の基本理念を教えてくれた。

3　「土地問題」を考える

　1956年，高校に入学して間もなく，緊急生徒集会が開かれた。「軍用地問題」に関する校内集会だった。上級生たちが次々に登壇して「一括払い反対」「四原則貫徹」を訴えた。新入生たちは圧倒されて聞き入るばかりだった。世にいう「島ぐるみ闘争」は高校生をも巻き込んで，沖縄中の人々が土地取り上げに反対するために立ち上がったのだ。それが後日，全段抜きの大見出しで「もう黙っていられない！　立ち上がる糸高生」として学校新聞に載った。この間の事情を教師の一人は次のように記している。

　　1955年10月に，『プライス調査団』が来沖，視察を行い，翌年６月に『プライス勧告』が発表されたが，それは沖縄側の期待を打ち砕くものであった。米国民政府はこの勧告が米国の最終方針であるとし，その内容を盛り込んだ布令第164号『合衆国土地収用令』を公布した。この強引な措置に沖縄側も強く反発し，56年６月15日の立法院本会議で29人の全議員が与儀議長に辞表を提出，同じく臨時局長会議で比嘉秀平主席の辞意表明と副主席以下全局長の『主席と共に行動する』との話し合いがまとまった。さらに緊急市町村長会議でも全市町村長の辞職決意を決議するなど，前代未聞の職を賭した不退転の闘争態勢が

組まれ，沖縄全体が名状しがたい悲壮感と異様な興奮に包まれた。
（豊島［1996］267頁）
このような緊迫した状況を背景にした全校生徒集会であった

4 パスポートを携えて本土「留学」

当時，本土の大学に行くには，国費，自費，私費という方法があった。そのいずれも USCAR（琉球列島米国民政府）の発給するパスポート（渡航証明書）が必要だった。その申請には戸籍抄本，顔写真，渡航申請書を提出し，3ヵ月待たされる。育英会の係は，国籍は「琉球」，目的は「留学」と書くよう注意した。

乗船に際しては，切符やパスポートのほか，検疫証明書，旅具検査，出国手続きがあった。船底の三等客は上級客の後にそれぞれの申告書を添えて荷物検査を受けたが，税関はトランクやスーツケースを必ず開けさせ点検した。ガムやコーヒーなどにも数量制限があった。那覇港からほぼ一昼夜の船旅で鹿児島に着くと，やはり旅具検査，入国手続きがあり，さらに手持ちのドルを日本円に交換しなければならなかった。船酔いのふらふらする体で長い行列に並び，係官から「次」と呼ばれるまでひたすら待つしかなかった。

1959年，皇太子明仁のご成婚，ミッチーブームの喧騒のなかで迎えた入学式では，セイロン，インドネシアの外国人留学生と一緒に，琉球国費留学生として，最前列に座らされた。沖縄は日本ではなく，外国扱いだった。下宿と大学の往復のほか，月に一度，東京駅近くの丸ビル7階にあった琉球育英会東京事務所で給費を受け取る平凡な日常であった。

2 安保，基地，ベトナム

1 60年安保 国民の声なき声

そして「60年安保」がやってきた。学生大会は無期限のストライキを決

定し，校門は封鎖され，学内への立ち入りはできない。授業放棄が何日も続いた。学友に誘われるまま国会へ。初めて参加するデモに感慨を覚えながら「ワッショイ，ワッショイ」，「アンポ，反対！」，「岸を，倒せ！」と雨に濡れながらジグザグデモをした。これが全学連の安保闘争であった。

　1960年5月19日から20日にかけて国会で起こった出来事は二つのことを教えた。主権者国民の「声なき声（沈黙）」は「承諾」，無言の拒絶は「半ば同意」と見なされること。日本の自由と安全を守るためというのに「安保」は警官隊を導入して反対議員を排除し民主主義を否定することによってしか成立しない。安保は民主主義と敵対し，破壊するものであること（平良［1995］）。

　そのころ私のホームシックを癒やしてくれたのは，弟が時折送ってくれる沖縄の新聞であった。とくに「宮森小学校への米軍機の墜落」（1959年6月）の記事はショックだった。学童を含む200人を超える死傷者，校舎や公民館，民家など40数棟が全半焼する大惨事であったが，大新聞は第一報のみでその後を全く伝えなかった。日本の安全と平和は沖縄には及ばないのか，と地団駄を踏んだ。

　安保は成立したが，岸内閣は退陣した。沖縄を訪問したアイクが県民の抗議デモの前に，慌ただしく立ち去ったとの報に接したとき，「極東の緊張と脅威があるかぎり沖縄を無期限に保有する」（アイク声明）というのに，沖縄は安保の埒外にある，安保の向こうに沖縄があることを実感した。

2　国場君事件，「青でもいけないなら」

　卒業して帰省したのはちょうど「国場君事件」（1963年2月）が起きたときで，沖縄は騒然としたなかにあった。青信号で歩行中の中学生を轢殺した米兵が無罪になった（5月1日）ことに抗議する県民大会（5月24日）が開かれ，上山中学校の生徒会代表が訴えた。

　　国場君といっしょに，横断歩道を渡っていた学友たちは証人台で，こう述べたといっています。「僕たちは，ちゃんと信号を見て，青信

号のとき渡ったんだ」と。この証人たちのことばのまえには、どんな弁解も許されないはずです。他の車は、両側ともみんな停止しているのに、「信号灯が反射して見えなかった」と、そんな理由で簡単に無罪とかたづけてしまうなんて、いくら考えても、なっとくできないことです。わたしには、どうしても不可抗力とは考えられない事件です。……青でもいけないとなってしまったら、私たちは、いったい信号がどんな色になったときに渡ればよいのでしょうか。

　この「青でもいけないなら」の言葉は今もなお耳に残っており、首里高校に赴任したばかりの新米教師を震えさせた。基地と軍政下の沖縄の現実を突きつけられ、その中で生きる沖縄の教師としての使命を衝撃的に自覚させるられたのだった。「基地の中に沖縄がある」という現実をどのように教えるか、理不尽に抗する県民の闘いを生徒共に考える授業をしたい、「沖縄をどう教えるか」はその後の実践課題となった。

3　B52の常駐・出撃、ベトナムの戦場に直結

　沖縄に「キャラウェー旋風」が吹き荒れているとき、アメリカはトンキン湾事件（1964年8月）をでっち上げて北ベトナムへ報復爆撃を行い、ベトナム戦争への介入は急速に拡大した。翌65年2月から北爆を開始し、3月には地上軍が南ベトナムに投入された。北爆はエスカレートしてハイフォンからハノイへ、地方都市まで爆撃を広げられたが、戦勢を挽回できなかった。アメリカはベトナム戦争の泥沼にはまり、沖縄はその戦場に直結していた。

　沖縄の米海兵隊3,500人がダナンに上陸（3月7日）、演習中の催涙ガスが宜野座中学校の教室に流れ込み（3月10日）、ソ連は、下田武三駐ソ大使に、ベトナム戦争で沖縄の基地が使用されていることに警告する覚書を手渡した（3月22日）。全軍労連は南ベトナム行きのタグボートへの乗り込みを拒否（5月14日）し、投下演習中の米軍機からトレーラが落下して少女を圧殺した（「隆子ちゃん事件」6月11日）。「沖縄から発進したB52機30

機が、サイゴン南方56キロメートルのベトコン地区を爆撃した」（7月29日）のニュースに、立法院は、B52の渡洋爆撃で、「戦争行為の即時取りやめに関する要請」を全会一致で決議した（7月30日）。

沖縄にとってベトナム戦争はもはや対岸の火事ではなかった。

4 佐藤来沖、一号線占拠

1965年8月19日、佐藤栄作は戦後初めて日本の総理大臣として沖縄を訪問した。那覇空港に降り立ったとき、「私は、沖縄の祖国復帰が実現しないかぎり、わが国にとって、〈戦後〉が終わっていないことを、よく承知している」との声明文を読み上げた。だが、この後に続く言葉の中にこそ来沖の目的が隠されていた。

「わが国は、日米安保条約によって米国と結ばれており、盟邦として互いに相協力する関係にある。また極東の平和と安定のために、沖縄が果たしている役割はきわめて重要である。私は、沖縄の安全がなければ、日本本土の安全はなく、また、日本本土の安全がなければ沖縄の安全もないことを確信している」と。

佐藤総理はアルバート・ワトソン高等弁務官に招待されてやって来たのだった。佐藤来沖には、「援助」を増額して県民の不満をそらせ、本土と沖縄の一体化を説く。日米安保体制＝基地の強化安定を図るとともに、沖縄の反基地、ベトナム反戦運動を弱めようとの狙いがあった。

しかし、佐藤総理は、復帰協の下に10万の人々が「核も基地もない沖縄」、「平和憲法の下への復帰」を要求したことにたじろいだのか、デモ隊が待機する予定の宿舎（琉球東急ホテル）に帰らず、米軍の迎賓館で一夜を明かした。那覇軍港と嘉手納基地を結ぶ軍用道路一号線はこの夜4時間にわたり復帰協のデモ隊によって完全に遮断された。

日本政府がアメリカのベトナム戦争に協力・加担していることは「ラッセル法廷」（1967年5月）が明らかにすることになるが、このとき、私たちは1号線を占拠した沖縄の復帰要求と日米安保反対、ベトナム戦争反対が

3 体験的沖縄戦後史

結びついていること多くの県民とともに自覚したのだった。

3 教公二法阻止闘争

総理を米軍迎賓館に追い込んだ闘いの高揚は保守勢力に大きな危機感を与えた。米民政府と琉球政府は復帰協の中核となっている沖縄教職員会の力を弱めようと画策した。それが教職員の政治活動や争議行為を制限・禁止する「教公二法」（地方教育区公務員法，教育公務員特例法）案であった。

1 ハンスト，年休行使，地域懇談会

1966年5月二法案が立法院に送付されると，教職員会は6月と7月に教公二法阻止教職員総決起大会を開き，デモをくり広げて教育の危機を強く県民に訴えた。そして夏休みには毎日100人，24時間交替で延べ1,000人の断食ストを会期切れまで行った。審議再開の日には全分会とも一割の年休を行使して審議を傍聴，立法院前で坐り込みを敢行した。

また，教職員会は，教公二法は「教職員の身分法」などではなく，大衆運動に対する「弾圧法」であるとの立場から，各地で教育懇談会を開いた。首里高校分会でも手分けして夜の地域懇談会へ出席した。首里石嶺地域では，当時青年会の役員をしていた当真嗣州（のち那覇市議）らが呼びかけに奔走してくれた。私は本土の教職員が「勤評」以後どんな状況に置かれているか，教職員の政治的活動は市民的権利で，当然認められるべきであること，「教科書の中の沖縄」がどのように扱われているかについて話した。

2 非常事態宣言と十割年休行使

1967年は年明けとともに，緊迫した情勢に包まれた。教職員会は中央闘争委員会を開き，激論の末，「十割年休」闘争にはいることを決定，1月を教公二法阻止行動月間とし，非常事態を宣言した。

10万余の立法反対署名，ハンストによる要請行動など一切を無視して民主党は文社委で強行採決（1月25日）を行った。その撤回を求める「教公二法阻止・抗議県民大会」が立法院前広場で開かれた（1月28日）。スローガンには「祖国復帰，平和を求める県民大衆を弾圧しようとする教公二法を粉砕しよう」があった。多くの県民は教公二法が大衆運動への弾圧法であると理解するようになっていた。

　2月1日，立法院の定例会が開かれた。教職員会は全一日，十割年休行使に突入，立法院前には2万人が詰めかけた（当時教職員会は1万人だから，半数は支援団体だ）。委員会案の白紙撤回と会期中の棚上げを要求する野党とこれを拒否する民主党が対立して，議会は空転した。

　教職員会の役員合同会議は24日の十割動員を決断，共闘会議も教職員会の十割決定に呼応して加盟団体に最大動員を指示した。教職員会は前夜に2割の動員をかけたので分会から率先して加わった。教育会館のホールや階段で仮眠を取って3時前に立法院へ向かった。割り当て場所は立法院裏口。花壇の縁や縁側に座り込みを始めた。常夜灯に見える人影はそう多くはなかった。

3　機動隊の実力行使とそれへの抵抗

　明け方，機動隊がやってきた。座り込みの要請団に退去命令が出ていることを告げた。だれも動かなかった。押し問答が続いたが，やがて「かかれ！」の号令一下，座り込んでいる請願団の一人に背後から機動隊員が二人ずつ，両脇から抱え上げるように引きずり出すと，リレー式に次々と通路や広場に放り投げた。私は警棒で殴られはしないかと，思わず両手で頭を抱えたが，引っ立てられて思い切り背中を衝かれた。よろけて倒れるところへ何人も転ばされた。無抵抗の請願団に機動隊は容赦しなかった。すべての待機場所から要請団は完全に排除された。

　しかし，これは，あの歴史的な教公二法闘争の序幕に過ぎなかった。夜が明けて，立法院の周りには「教公二法阻止共闘会議」の人々が集結し始

めていた。警官隊に守られて長嶺議長が議場へ入ると伝えられたころには，立法院は人垣で埋まっていた。排除されて散っていた徹夜組を含めて，各組織別に隊列を整えると，これから要請行動に入ると指令車のマイクは伝えた。

スクラムを組み，前に進む。お互いにしっかり腕を組んで次の指示を待った。「押せー！」の声に，「ヨーシ」，「オウー」と応えて人波が動く。警備の機動隊員は人波にさらわれるように端から順に押し出された。警察側が大型消防車を出動させた（放水の威力は5分板をぶち抜く）との報告に請願団は激高した。「押せ！押せ！」，「ワッショイ，ワッショイ」の声があちこちから起こった。

まず裏口の警官隊が排除され，午前11時，ついに表玄関と本会議場入り口が要請団によって確保された。その直後，本会議中止が伝えられた。「やった」と歓声を上げ，互いに握手を交わし，肩をたたき合った。

4　廃案協定

院内では議長と与野党が収拾を図っていた。午後4時を過ぎて，調整が難航し時間が経つにつれて不安がつのった。暗くなると何が起こるかわからない。警察の報復的実力行使も予想された。だが，事態は私の予測を超えて進展した。共闘会議側は，「妥協案はない，5時までに廃案の回答をせよ」と迫った。民主党から会期中本会議に上程しない，6月以降与野党で調整するとの提示があり，議長が「調整できないときは廃案にする」と確認して，次のような廃案協定ができた。

①現在発議された教公二法案は5月31日まで棚上げする。②6月になったら政府勧告案を中心に与野党が調整して，新たな発議案の作成に努力する。③調整ができないときは，現在の発議案を廃案にする。

民主主義は多数決，議会では少数であっても，それを支持する大衆がいれば，要求を実現することができる。このときほど「政治は変えられる」ことを実感したことはない。立法院裏庭の立木には機動隊員のヘルメット

が何個もぶら下げられていた。それはまるで巨大な権力が民衆によって吊し首にされているように見えた。

4　高教組の結成と高校生

1　宿日直の廃止と職場の民主化

　高教組は1967年7月1日に結成された。2.24教公二法阻止闘争の4ヵ月後である。沖縄教職員会は会員1万人，うち政府立学校（高校と障害児学校）の教職員2,500人が単組として独立した。そのスローガンは「みんなは一人のために，一人はみんなのために」，「よき組合員はよき教師」であった。職場の様々な要求を分会が取り上げ，校長（政府，中教委）交渉によって一つずつ実現していく，組合は身近な存在となった。

　組合とはお互いの要求を汲み合い，一人ではできないこと，考える悩むだけでは実現できないことを，みんなが力を合わせ（団結して）闘えば要求は実現できることを運動のなかで学んだ。アンケート調査から組合員の要求を整理してまとめられたのが「要求書」であり，職場の声は校長も納得し，数年を経ず実現していった。全体として当面の要求は①宿日直の廃止，②職場の民主化（部長・主任の公選制，校務分掌の均等・公平化），③人事異動の希望と承認であった。

　重点要求の宿日直勤務は，古い慣行から，男子職員には毎夜の宿直，女子職員には土日の日直が教職員の付随する業務として押しつけられていた。昔の宿直（とのい＝宮中，主君を守護する不寝番）に由来するもので，学校の無人化を懸念して教職員に奉仕を強要した仕事であった。文教局，中教委は宿日直勤務が教職員の本務でないことを団交で認めたため，全校に警備員が配置されて宿日直は廃止された。高教組ができて最初にあげた運動の成果であった。

　職場民主化の第一歩は，これまで校長が任命していた部長，主任を選挙制にしたこと。校務分掌で学級担任と事務分掌は希望調査に基づくこと，

担任と分掌は2年で交代することを原則とした。ベテランも新卒新任も公平に処遇されるようになった。また，局優先，情実人事の是正については，異動希望調査に基づき，本人の承諾を得ることを原則とし，苦情があれば組合が取り上げ，局との交渉（苦情処理）で解決した。

組合は職場になくてはならぬものとなり，「よき組合員はよき教師」，「よき教師はよき組合員」の合い言葉を生んだ。校内研修により教師集団の力量を高める努力が行われ，同人誌や研究紀要が発行された。職場に様々なサークルや同好会がつくられ，読書会が開かれ，趣味やスポーツを通して互いのつながりが強まった。首里高校の職員野球チームは全員がユニフォームをつくり，教科対抗の試合には生徒たちも応援した。写真クラブはカメラをまとめて買えば安くなると，全員が購入し，そのカメラを持って月例会と名付けて撮影会に出かけた。撮影後，みんなが現像，焼き付け，引き延ばし，できあがった作品を校内で展示した。こうして職場の仲間づくりが進み，校長教頭を含めた組合活動が展開された。

高教組は一人の100歩（前進）より100人の一歩（前進）を目指したが，その一歩は誰かが踏み出さなければならない。それが特設授業であり，高教組が全県的に取り組んだ4月28日や6月23日の「特設授業」は首里高校の統一ホームルームがその第一歩であった。

2　統一ホームルームから特設授業へ

現在では県内のどの学校でも大抵6月23日を中心とする特設授業は年間行事に位置づけて実施している。その発端は首里高校の統一ホームルームであった。1966-67年の校務分掌でホームルーム係になったとき，これまで担任任せになっていた年間計画を学校全体で，学期ごとにそれぞれの討議題を設定して実施するように提案した。その中で，「4.28に沖縄を考える」，「6.23慰霊の日を迎える」の二つを統一テーマとして取り入れた。学年で取り上げる討議題は変えたが，共通の題材は沖縄戦と基地，祖国復帰に関する問題であった。

「4.28」で，私の学級が取り上げたのは「隆子ちゃん事件と〈価値ある犠牲〉を考える」であった。米軍の投下演習中にトレーラーが落下して小学生の女の子が圧殺された。その死を米軍司令官は「自由陣営の平和と安全のための価値ある犠牲だ」とコメントした。県民の立場から隆子ちゃんの死と米軍の主張をどう受け止めるかを討議させたのである。

「6.23」では，当時首里高校には鉄血勤皇隊で亡くなった県立一中の先輩たちの遺書や遺髪・爪などが残っていた。遺書の中からいくつかを写し取り，資料として読ませた。戦場へ駆り出された学徒隊たちを同年代の高校生としてどう考えるかだった。遺書の末尾にあった「泣くな嘆くな必ず帰る　桐の小箱に錦着て　会いに来てくれ九段坂」には多くの意見が出た。

この統一ホームルームの実践は高教組第一次教育研究集会の国民教育分科会で報告され，やがて全県的な取り組みとなり，高教組の「特設授業」として定着していった。

B52撤去「2.4ゼネスト」に向けて高教組は「生徒・父母，地域のみなさんへ」のビラを配り，また，機関紙「高教組情報」を通じて「B52の撤去要求」とゼネスト成功を目指す「特設授業」を設定し，必要な学習資料を配付された。

3　B52撤去，「2.4ゼネスト」

(1) B52離陸失敗

1968年11月19日，嘉手納基地内で発生したB52の墜落炎上した事故は県民を震撼させた。午前4時過ぎ，B52が離陸に失敗して爆発，大音響とともに百数十メートルの火柱があがり，地響きで民家が倒れ，爆風はガラス戸を割り，機体の破片が飛び散った。事故現場から150メートルの知花弾薬庫の地下室には核兵器がある，と聞かされていた人々は恐怖に戦(おのの)いた。

立法院をはじめ各市町村議会でも「B52撤去」の決議がなされた。高教組は各分会で「B52を撤去せよ」の黄色いリボン（後にプレート）を胸につけて教壇に立ったが，これは高校生に支持されやがて全県に広まった。

しかしながら，嘉手納基地司令官マレックス大佐は「交通事故のようなもの」とうそぶき，嘉手納村民代表を憤慨させた。

(2) いのちを守る共闘会議

12月7日には「B52撤去・原潜寄港阻止県民共闘会議（通称「いのちを守る県民共闘会議」140団体）がつくられ，B52が常駐し始めた2月4日に「ゼネスト」を決行する方針が示された。高教組は組合員の93％がゼネスト賛成の意思表示をし，生徒・父母，地域へのビラ（高教組情報号外第一号）をつくり配布した。12月14日，共闘会議が嘉手納で開いた「B52撤去要求県民総決起大会」には，「B52撤去」の黄色のリボンをつけた高校生も多数参加していた。大会後，参加者は嘉手納基地を包囲するようにデモ行進した。

2.4ゼネストの取り組みは日増しに高揚し，日米支配層にとって大きな脅威になっていた。フェルディナンド・T・アンガー高等弁務官は屋良朝苗主席にスト回避の圧力をかけ，基地労働者に対しては，スト当日出勤する宣誓署名を強要したうえ，「総合労働布令」（基地労働者の労働基本権を制限した布令26号を改悪したもの）を公布した。

共闘会議は，新たに「総合労働布令撤廃」を運動目標に加え，「2.4ゼネストの成功をめざす県民総決起大会」を開き，闘いを強化した。この頃には多くの労組がスト権を確立し，農漁民・市民団体も休業してゼネストに呼応する体勢がつくられていた。

(3) ゼネストから統一行動へ

ところが，スト突入準備指令の出た1月31日，行政府は「B52は6月頃撤去される」との屋良主席の感触から，共闘会議にゼネスト回避を申し入れた。この「要請」に対し，共闘会議は全会一致でゼネスト決行の方針を確認したが，その後，県労協が全軍労への大量処分を前に回避を決定したことで共闘会議は混乱した。

結局「命を守る会」としてはゼネストは取り止め，加盟団体それぞれの判断で2.4統一行動に参加することとして，次の取り組みが決定された。

① 2月4日午後1時から嘉手納総合グラウンドで，「生命を守る県民総決起大会」を開く。
② 各組織は，可能な限りストライキで参加する。ストが困難な場合も最大限の動員を図る。
③ 大会後，デモ・座り込みを実施する。

こうして多くの妨害・分裂の策動を克服して，「2.4統一行動」は決行された。教職員会，高教組は24時間全面ストに突入，各高校の生徒たちも，自主的な校内集会を開いて統一行動に参加した。激しい風雨のなか，5万5,000人が嘉手納基地の金網を前に，B52撤去を強く叫んだ。

4 「沖縄」を学んだ生徒たち

1 沖縄の農業と漁業を学んで（拙稿「沖縄をどう教えるか」日教組第20次・日高教第17次教育研究全国集会報告書〔1970年1月〕による）

(1) 農業を学んで，生徒の感想

私の家は兼業農家である。10年前までは米をつくっていたが，「田倒し」で全部きび畑に変えられ，現在は，さとうきびが値下りしたので畑の半分は野菜をつくつている。

また私の住む集落は村でももっとも都市化しているところだが，青年や大人たちは本土へ都市へ働きに出てしまい農業をしているのは女，老人，ほんの少しの男手である。これからもわかるように，沖縄の農業は戦後農民と耕地が減少し，さとうきびが中心となっている。その最大の理由は軍用地である。

米軍による土地のとり上げは，沖縄の総面積の13％に及んでいる。先生は軍用地のことを「米軍がとり上げた土地」とおっしゃったが，私はこの「軍用地」に反感はなかった。しかし，次第に授業がすすむにつれて，土地とり上げにまつわる農民への米軍の仕打ちがわかり，そのことばに反感をおぼえた。誰でも米軍の農民に対する仕打ちを聞いたら拳を握りしめる

でしょう。

　それよりも恐ろしいことがある。私の村は土地問題では米軍との関係は全くないと思ったが，ほんのわずかではあるが，軍用地があることが授業で分かった。他の生徒も，自分の村に軍用地があるのを知り，きょとんとしたり，驚いたりしていた。私自身割り切れない気持だった。いつの間にか軍用地の中にいることを忘れて生活していた。あまりにも米軍と沖縄の関係に無関心だったのではないか……。(平良［1971］6頁)

　(2) 漁業を学んで，生徒の感想

　くり舟で始まったといえる沖縄の水産業は，しだいに故郷の海をすてて，遠い遠い海へ向かっている。自分でそうしたのではなく，よそ者におっぱらわれる状態で舟をこがされたといえる。

　よそ者というのが米軍である。「ナイキ」や「ホーク」の発射演習のために魚がとれない（航行禁止と漁場の制限）。弾薬輸送船や原潜の出入りによって漁場は荒らされ，とった魚も売れない（廃油とコバルトショック）。その他いろいろある基地公害のために漁民はいのちがけの操業をしなければならない。全く沖縄の農業で学んだ「命がけの耕作」そのものだと私は思った。

　漁民は米軍に対し「演習地の変更」を申入れたが，米軍は耳をかさない。さらに演習の中止を要求したり，損害賠償を請求したが，一向に応じない。漁民は今もなお闘い続けているが，あるものは遠洋漁業へ，あるものは漁業をすてて他の職業にかわっていった。

　しかし，遠洋漁業も日本の国旗を掲げることができないために，外国にも「怪船」扱いされて銃撃をうけたり，没収されたりする。まさしく「さまよえる沖縄船舶」だと思う。そう考えると，自分自身があわれになり，涙ぐんでしまう。

　私は沖縄の漁業を学んで，いっそう米軍への反感がつよまった。農民や漁民に対する米軍の仕打ち，まったく子どもかバカ扱いをしている。私は沖縄の漁業を発展きせるには，まず基地をなくすことが先決だと思う。そ

うするには，将来を背負う私たちひとりひとりがしっかり現在の沖縄をみつめなければならないと思う。(平良 [1971] 7頁)

2 PCPと人工降雨作戦

　ベトナム戦争が沖縄の基地を踏み台にして続けられていることについては，当時沖縄に起こっていた幾つかの事件とアメリカのベトナム戦争を結びつけて取り上げた。その一つがPCP（ペンタクロロフェノール）による水源汚染と米軍の人工降雨実験であった。

　復帰前年（1971年）の沖縄は大旱魃に見舞われた。水不足は深刻で，農作物は枯死し，放牧中の牛が倒れる。断水，時間給水で学校給食も中止，プールは閉鎖，子どもたちは水筒持参で登校するようになった。

　PCPというのは，枯れ葉剤に使われる劇薬で，米軍払い下げの業者が一括して購入したが売れないまま，放置しているうちに地下にしみこみ国湯川を汚染し多数の魚が死んで浮いてきた。驚いた業者は慌てて南部の採石場跡の穴に無断で投棄した。これが南部水源を汚染する騒ぎのもとであった。

　このとき，救世主の如く現れたのが米軍の人工降雨作戦であった。空中に沃化銀，ドライアイスを噴射して雨雲を造り雨を降らせるというもの。何度か実験は試みられたが，成功したとはいえなかった。ジェームズ・B・ランパート高等弁務官に招かれて人工降雨実験を指導したカイバー海軍少佐は「作戦は成功した」と次のように語った。

　　　旱魃に苦しむ沖縄住民にとっては，決して満足のいく結果ではないと思うが，人工降雨作戦は成功した。作戦は雨の降る素地，またはきっかけを作るのが目的であり，同作戦によって直ちに雨が降るといったマジックではない。(沖縄タイムス [1971])

　ところが，この人工降雨作戦はアメリカのベトナム戦争と深く結びついていた。ベトナムの天候を変化させ，局地的に人工雨を降らせる作戦を行い，その実験は沖縄で実施したことを明らかにしている（赤旗 [1972]）[1]。

この事実を知った生徒は次のようにレポート「最近の沖縄」に書いた。

　民間企業による公害のように見えるPCPによる水源汚染も，実は米軍によって引き起こされたのである。米軍はベトナムで使う枯れ葉剤用のPCPが余ったために，沖縄の企業に毒薬であるにもかかわらず，ただの防腐剤だと（ごまかして）売り出したのである。何も知らない企業は，売れ行きが好くないので（処理に困り）捨てたのであるが，それが地下にしみ，水源地を汚染したのである。

　ところが，米軍はこの問題が大きくなるとあわてて，PCPの処理に全面的に協力すると言い出した。ずうずうしいにもほどがある。自分の責任を棚に上げて助け船でも出すように，まったく人を馬鹿にしている。PCP問題も米軍人犯罪と同じように，アメリカ人が沖縄を植民地だとみる意識のあらわれだろうとぼくは思う。（平良［1972］57頁）

3　女子高校生刺傷事件

1970年5月，女子高校生が白昼米兵に襲われ重傷負う事件が発生した。このニュースが伝えられると，地元住民をはじめ抗議・糾弾の声が全県を包んだ。とくにこの事件では，高校生が独自に抗議集会を開き，意思表示をした。

複帰協は，前原高校校庭で「女子高校生刺傷事件等米兵による凶暴犯罪に抗議し，横暴な軍政を糾弾する県民大会」を開催した。大会には，前原高校生をはじめ，県下から自主的に参加してきた高校生3,000人を含め，1万2,000人が結集した。

そして，被害者の女生徒は法廷に立ち，「犯人を裁く」ために証言した。

　生まれて初めての裁判でしたが，私は法廷に入ると不思議と落ち着いていました。あの憎い米兵を裁くのは私なんだ，私がいなければいけないんだ，という気持ちでいっぱい。私の後ろには，高校生の仲間，先生，労働者がじっと見守っていたからです。法廷は，ズラリとアメ

リカ人が取り巻いている〈軍事裁判〉です。……裁判長は，私にたずねました。『ここに犯人はいるか』。わたしは，部屋のなかをみわたし，私のすぐ前にいる米兵を指さして大声で言いました。『この人です。この人が犯人です』。犯人はわたしにゆびさされると，小さくなってしまいました。（上江洲律子［1971］14頁）

おわりに

あの国場君事件で，「青でもいけないなら」と訴えた中学生は首里高校を卒業し，本土の大学に学び，結婚して県外に住み，二児の母になっているが，私の退職記念誌に寄せた一文に次のように書いている。

> この度の執筆依頼を頂戴した頃に起きたえひめ丸事件の時です。当初の報道で，えひめ丸の白い船体が白波に紛れてしまい潜望鏡では確認できなかった，というのがあり，その時私はデジャブ（既視感）に似た感覚に陥りました。あの時と同じだ，国場秀夫君をあやめたジャクソン二等兵も信号灯が太陽に反射して見えなかったと言い逃れ，無罪になったのです。胸の塞がる思いを抱え，心は故郷に飛びます。沖縄では基地がある限り，第二，第三の国場君事件が起きているのだと。……（自由獅子会［2001］196頁）

ハワイ沖で米原潜が急浮上してえひめ丸を沈没させた。グリービル号のスコット・ワドル艦長のコメントと国場君を轢殺したジャクソン二等兵の証言はともに理不尽で納得しがたいことである。公海を航行中のえひめ丸，青信号で横断中の国場君，ともに何の落ち度もなく，咎められることはなかったのに，沈められ，ひき殺された。

安保体制下の日本にあって，米軍がらみの事件・事故の起こる度に「胸の塞がる」のは，何年経っても沖縄の現実は変わっていない，思い知らされるからである。

注

1 「アメリカの人工降雨作戦」。共同通信記者坂井定雄氏は，アメリカ軍がインドシナで実験している人工降雨作戦について注目すべき報告を行った。「ベトナムでの人工降雨作戦の最初は1963年CIAが行ったもので64-66年にかけてはホー・チ・ミン・ルートの補給妨害作戦に利用され，67年にはジョンソン政権の戦争エスカレーションの七本柱のひとつに挙げられていた。当時，米国務省の反対で，この作戦は公然化しなかったが，米空軍は南ベトナムとラオスで秘密裏に本格的降雨作戦を行った」「ニクソン政権のもとで，人工降雨作戦は重要視され，キッシンジャー補佐官の専管事項となる一方，南ベトナム政府軍への肩代わりも行われた」「米軍での作戦担当部隊は米空軍気象部隊で，研究開発は海軍が行った。方法はC130輸送機によって2万2千フィート以上の高度で，積乱雲に沃化銀を散布する。69〜70年から海軍の科学者が開発した新薬品を用いるようになり，この薬品はベトナムのような暖かい雨雲に非常に効果的であり，かつ酸性物質であるので北ベトナムのSAM（地対空ミサイル）を腐食する効果もあるという」（『文化評論』1972年9月号）。

引用文献（掲載順）

豊島貞夫［1996］，「土地問題の頃」『糸満高校創立50周年記念誌　潮』。
平良宗潤［1995］，「青春の焦燥のとき」『沖縄戦後精神史わが50物語⑤』琉球新報。
平良宗潤［1970］，「沖縄をどう教えるか」『日教組第20次・日高教第17次教育研究全国集会報告書』沖縄教職員会。
沖縄タイムス［1971］，8月4日朝刊「"人工雨は成功" カーバー少佐語る」。
赤旗［1972］，7月28日，「"実験は沖縄でやった"，ベトナムでの人工雨作戦，米国防省顧問証言」。
平良宗潤［1972］，「沖縄とベトナム」地教研沖縄サークル編『沖縄と地理教育2』。
上江洲律子［1971］，「私は訴える」嶋津与志・謝名元慶福編『沖縄の青春——高校生は訴える』日本青年出版社。
自由獅子会［2001］，『わが師わが友6　平良宗潤の半生』。

［歴史教育者協議会＝社会科教育］

● 活動報告

平和教育プロジェクト委員会

　　　　委員長　高部優子（23期），暉峻僚三（22期），奥本京子（21期）

　平和教育プロジェクト委員会は，2014年に日本平和学会21期に新しく立ち上げられた。佐々木寛21期会長の主な意図である，小中高教師などを含めた学会参加者を対象とし，学会開催時に，具体的・実践的な平和教育に関するワークショップ等の提供（学会の知の共有）を企画・運営するということを，21期，22期，23期と進展させている（執筆現在，6年目後半）。

　具体的なミッションとしては，①日本平和学会大会・集会において，ワークショップなどの方法を通じて平和教育の実践を提供すること，②実践の素材・成果を共有・蓄積し，広く平和を創る活動に役立ててもらうこと，③平和教育に係るさまざまなテーマ，実践方法，人の紹介など平和教育の相談窓口となること，④平和教育の場となりうる幅広い主体との連携，共催により可能なかぎり平和教育の実践の提供を行うこと，とした。平和学をアカデミックな檻に閉じ込めることなく，学会員それぞれが持つ蓄積を社会に還元するとともに，いろいろな手法・形態のワークショップなどの実施により，様々な現場の問題意識や平和をつくる取り組みなどの吸収を試みている。発足当初の意図を超えた，大会・集会の枠にとらわれない動きを始められたことには大きな意味があったと考えている。

　平和教育プロジェクト委員会で扱う内容については，次のように考えている。暴力の究極の一形態といえる戦争は，平和教育においては大きな学びの軸の一つである。しかし，戦争それ自体は，さまざまな暴力によって

成立する。直接的暴力，構造的暴力，文化的暴力にさらされている，あるいは加担している自らや他者を発見し，それらを乗り越える，あるいは低減することができるようなワークショップの提供を当委員会では試みている。また，戦争のみならず身の回りから派生する，またその延長線上にある国家・国際的暴力のあり方にもアプローチする必要があると考えている。加えて，平和をどう創造するか，具体的な紛争解決の方法を学んだり，独創的な発想の訓練をすることも，平和教育ワークショップとしては提供していかねばならない内容であろう。

　平和教育プロジェクト委員会の大きな特徴は，その手法である。提供するワークショップでは，誰もが語り，参加することができるよう工夫をしている。まずアイスブレーキングを行い，リラックスし話しやすい雰囲気をつくる。身近なことをテーマにしたり，体験をしながら対話によって学び合えるようにしたり，参加者各自が持つ知識や情報の偏りで対話のバランスが崩れないようフィクションの設定を提示するなどしている。平和の問題について語り交わす場の提供，すなわち積極的平和の体現であるともいえる。

　1期目は，平和博物館を平和教育を実践する重要な一つの現場ととらえつつ，開催したワークショップは，①1期目全体を計画するためのもの，②「平和な関係性をつくろう！～新しい平和教育のあり方を一緒に模索する～」，③「ヒロシマをめぐる〈コンフリクト〉」，④「平和でゆんたく～沖縄の平和を創る取り組みから　沖縄平和学習マップを作ろう～」であった。

　2期目は，ワークショップについて，手法だけでなく，扱うテーマも重視した。これは，日本国内においても，世界のメンバーシップという意味においても，日本社会が，大きな岐路に立っている時期だからこそ，社会に暮らすメンバー一人ひとりが，Active Citizen として，社会の中にある非平和を考え，語り交わす機会・平和教育素材を提供することが大切であるという認識に基づくものである。具体的には，①「Active Citizen 養成

講座 対話を通じて住みたい社会をつくる」，②「レイシズムにさよならする方法：マニュアル作りを通じてレイシズムを考える」，③「ロールプレイを通じて考える，植民地・先住民・同化，そして平和への権利」，④「平和のためのリテラシー」というワークショップを提供した。

　3期目は，大テーマを「トレーナーズトレーニング～やりとり力を鍛える～」とした。「やりとり」とは，自分の考えや感情を表し（「やり」），相手の言葉を受け止め（「とり」），そして返すことである（「やり」「とり」の繰り返し）。一見，すべての会話はやりとりのようにも思えるが，残念ながら Dialogue であるべきやりとりが，タイミングだけ合わせた Monologue の応酬になってしまうことは珍しいことではない。相手の発したものを受け止めずに，自分の考える方向に恣意的に話をずらしたり，相手の発言とは関係なく自分の主張をするのみなどは，Monologue（「やり」）の例である。しかし，平和を構築するということは，平和をつくる主体として，他との関係性においてどのような社会に暮らしたいのかを描き，語り交わし，実践してゆくことであり，そのためにはやりとり力は必須のスキルである。そのような問題意識のもとに，①「『国家・祖国・ネイション』をめぐって」，②「高校の新設必修科目『公共』に向けて」等，ワークショップを提供した。執筆現在，福島で行う予定の③キーワードから考える当事者性，④民主主義を機能させる「やり⇔とり力」～"シカト"を超えて Active citizen になるために，を予定している。

　現在，平和教育プロジェクト委員会では，3期分6年間のまとめを試みている。その一つが，実践の素材・成果を授業等で使用しやすいようパッケージにして，平和学会のホームページでダウンロードできるようにすることである。

　提供した素材の中で最大の具体的成果といえるものは，「ロールプレイを通じて考える，植民地・先住民・同化，そして平和への権利」のために制作した平和教育アニメ『インデ島へようこそ』である。ストーリーは，インデ島という架空の島を舞台にした，先住民であるインデ人，植民者・

支配者であるコロナ人の物語で，植民地支配の構造と暴力，さまざまな立場の不満，悲しみ，要求を感じ，その先にある平和的な共生を考えてもらうことを目的としてつくられた。ストーリーをつくる際に，先住民側・植民者側とひとくくりにせず，なるべくさまざまな立場を登場させ，しかし全体構造としての植民地支配の暴力性も描くようした。単純化を避けると，どうしてもストーリーは複雑・長大になるので，ある程度感覚的に伝わる紙芝居調のアニメーションを制作した。平和教育プロジェクト委員会メンバーのタレントが，学会でアニメ作品の制作というユニークな形で結実した結果だが，動画というさまざまな場で利用できる平和教育素材が財産として残せたことは大きい（平和学会HP〔https://www.psaj.org「プロジェクト」「平和教育プロジェクト委員会」〕から動画等がダウンロード可能）。

　また，もう一つの6年間のまとめとして内容や手法についての議論をすすめている。成果を学会内外に発信し広めるうえでも，今後の活動の方向性を示す理論化が必要となっている。研究会を重ねながら，平和教育プロジェクト委員会が行ってきたこと，行っていきたいことの理論化もすすめていきたい。

平和教育分科会報告

杉田明宏（大東文化大学）

　本分科会は，国内・外の平和教育の実践・理論と平和学理論の成果を交差させながら，学校や社会における平和教育の理論と実践の質を高めて行くことを追究してきた。本報告では，現在の日本平和学会サイトに掲載記録があり共有が可能な，2005年から2018年までの14年間を便宜的に対象期間として，分科会内容の推移の背景となる時代的特徴を概観したい。

　附表に見るように，この期間の春季・秋季の28回の大会（集会）において，単独または他分科会との合同よる開催は22回であった。他に，当分科会が関わった平和教育をテーマとした部会開催が2回あった。

　この期間の日本の平和教育・研究の特徴を見てみよう。高部他［2018］の平和教育関係文献（CiNii 検索）のタイトル数の5年単位の推移分析によれば，「平和」＆「教育」をキーワードをとした論文総数は，核の脅威を背景とした1975～1994年期と冷戦後の1990～2004年期に大幅に増加し，その後2005～17年期（調査時点まで）は減少に転じている。また，この時期は，日本の戦後の平和教育運動の動向を象徴する日本平和教育研究協議会（1974年設立）の雑誌『平和教育』（1976年創刊）が販売数減少などを背景として2009年に77号で廃刊となり，2015年に同会が解散に至る時期と重なる。さらに，90年代から日本の戦争責任研究の面から平和教育を下支えしてきた『季刊戦争責任研究』（1993年創刊）が2018年の第91号を最後に休刊となったことも象徴的であった。こうした変化は，日本の平和教育運動を動機づけてきたアジア太平標戦争への反省の課題が解決されたことによって生じたものではなく，戦争体験者の減少や歴史修正主義の台頭によるものと

言えよう。こうした状況への危機感の中で，戦争体験の継承や教訓化のための教育／社会実践が非体験世代に軸足を移しながら続けられている。

　他方，この時期は，暴力・平和の三角形，コンフリクト転換（解決）等を含むガルトゥング平和学理論の展開，20世紀の総括としての「21世紀の平和と正義を求めるハーグ・アジェンダ」を受け継ぐ国連・UNESCO主導の2001～2010年の「世界の子どもたちのための平和と非暴力の文化国際10年」，2005～2014年の「持続可能な開発のための教育の10年」，2015年の「平和への権利宣言」，さらに「平和のための博物館」運動などの平和教育に密接に関わる国際的な展開をベースとする平和教育観が，研究者・教育者によって紹介され，摂取されていく時期でもある。

　今回の分析対象とした時期は，これら複数の背景をもつ平和教育の理念・理論を日本の教育に活かしていくための模索が重ねられた質的転換期に当たる。附表の分科会・部会の企画テーマは，上記それぞれの文脈の最新の動向・積極的チャレンジに学びながら，平和学と平和教育の理論と方法論に活かしていこうとする指向性を読み取ることができるであろう。

注

1　高部優子・いとうたけひこ・杉田明宏・井上孝代［2018］,「テキストマイニングによる平和教育に関する文献研究――CiNiiにおける論文タイトルのテキストマイニング分析」『トランセンド研究』15(2)，78-86頁。

【附表】 平和教育分科会の報告者とテーマ（2005年～2018年）

開催年／季／大学	企画内容
2005春 立教大学	報告：上條直美（明治学院大学国際平和研究所）「『持続可能な開発のための教育の10年』と平和教育」 サブ報告：山根和代（高知大学）「2005年5月に南京でおこなわれた平和学国際シンポに参加して」
2005秋 長崎大学	報告1：浅川和也（東海学園大学）「平和の文化と持続可能な開発のための教育へのフレームワーク」 報告2：藤田秀雄（立正大学）「ハーグアジェンダ具体化のための学習」 ◇部会（「平和教育」分科会を中心に） 報告1：江川まさみ（日本国際問題研究所）「協調的・非暴力コンフリクト・リゾルーション：平和教育のひとつとして」 報告2：箱山冨美子（藤女子大学）「コソヴォの平和教育——教育カリキュラム改革」 報告3：杉田明宏（大東文化大学）「沖縄の平和ガイドの心理学的考察」
2006春 明治学院大	報告：富樫茂（ヘブライ大学）「NGOによる教育活動ならびに事実上の教育効果——イスラエルにおけるアラブ・ユダヤ間のエンカウンター・グループ運動に関する事例研究」
2006秋 山口大学	報告1：黒岩晴子（佛教大学）「社会福祉専門職教育における被爆体験の継承——生活史把握をもとにした教育実践の分析を通して」 報告2：田村かすみ（神戸大学大学院）「中学校国語科における平和教育の可能性」
2007春 早稲田大学	報告1：堀孝彦（名古屋学院大学名誉教授）「教育基本法——伝統倫理と近代倫理」 報告2：藤田秀雄（立正大学名誉教授）「大学における平和教育——参加による平和の学習」
2007秋 済州大学	「非暴力」「平和と芸術」との合同分科会 テーマ：韓日を映画と対話でつなぐ：済州島円卓シネマの試み 第1部　映画『あんにょん・サヨナラ』上映と日韓円卓シネ

開催年／季／大学	企画内容
	マ討論のための問題提起 コーディネーター：伊藤武彦（和光大学）・伊藤哲司（茨城大学） パネラー：伊藤哲司（茨城大学），イ・ヒジャ（映画主人公），日本側映画作成関係者 第2部『あんにょん・サヨナラ』の日韓円卓討論
2008春	報告1：田村かすみ（神戸大大学院）「教科の枠を超えた平和教育の試み——平和教育の理念を学校教育の中で具現化するために」 報告2：山本直美（杉並の教育を考えるみんなの会／ひらかれた歴史教育の会）「東京・杉並区の歴史教科書問題」
2008秋 名古屋学院大学	※分科会開催無し ◇部会「平和学と教育学の結節点をめぐって——平和教育学の可能性」 報告1：藤田明史（トランセンド〔平和的手段による紛争転換〕研究会）「現代平和学の課題——『平和教育学』の形成との関連において」 報告2：竹内久顕（東京女子大学）「日本の平和教育の蓄積と課題」 報告3：村上登司文（京都教育大学）「海外の平和教育研究の発展段階」
2009春 恵泉女学園大学	テーマ：「平和教育の新たな実践の展開」 報告1：杉浦真理（立命館宇治中学・高等学校）「大学生のサービスラーニングを取り入れた高校政治経済『憲法』の授業」 報告2：野島大輔（立命館大学大学院）「海外での研究・実践の動向から考える，今後日本の平和教育における『未来的視点』の必要性について」
2009秋 立命館大学	テーマ：平和教育学の可能性を探る 報告1：片岡徹（北星学園大学）「平和教育の"逆説"に関する研究——平和教育学の構築のために」 報告2：金惠玉（立命館大学・院生）「平和教育学のための三つのアプローチ：平和能力・生命価値・批判的平和教育について」

開催年／季／大学	企画内容
2010春 お茶の水女子大学	◇「非暴力」との合同分科会 テーマ：平和の文化をつくる方法の検討 報告1：滝口優（白梅学園短期大学，平和の文化をきずく会事務局長）「『平和の文化をめざす「国際10年」自治体アンケート』の取り組みと調査結果」 報告2：名嘉憲夫（東洋英和女学院大学）「紛争の原因と解決方法について学ぶ——東洋英和女学院大学における紛争解決教育の紹介」
2010秋 茨城大学	報告：室井美稚子（清泉女学院大学）「和解の方法SABONAプロジェクトの日本における導入」
2011春	※分科会開催なし
2011秋	報告1：野島大輔（立命館大学大学院／関西学院千里国際中・高教員）「21世紀の『世界秩序の学習』——軍縮・不拡散教育の新たな展開を踏まえて」 報告2：高部優子（映像ディレクター）「平和教育アニメーションを製作して」
2012春 沖縄大学	〈子ども・青年の意識と学び〉 報告1：村上登司文（京都教育大学）「沖縄の平和教育——小中学生に対する意識調査から」 報告2：阿知良洋平（北海道大学大学院）「イラク戦争の理解と若者の進路」 ◇平和教育企画（分科会以外） シンポジウム「沖縄平和教育の新地平」 基調報告：高嶋伸欽（琉球大学名誉教授）「日本の戦後史を変えつつある沖縄への期待——教材開発などの体験から得たものを中心に」 パネラー： 　北上田源（アメラジアンスクール沖縄）「平和学習の「学び手」が「創り手」になるまで——「参加型学習の三段階」を手がかりに」 　普天間朝佳（ひめゆり資料館）「ひめゆり平和祈念資料館次世代継承の取り組み」 　宮城晴美（沖縄大学）「平和教育に欠落するジェンダーの視点——沖縄戦下の日本軍『慰安婦』問題と『集団自

開催年／季／大学	企画内容
	決』を通して」
2012秋	※「平和教育」分科会開催なし
2013春 大阪大学	〈平和教育実践の新たな可能性〉 報告1：杉田明宏（大東文化大学）・いとうたけひこ（和光大学）「アニメ『みんなが Happy になる方法』を用いた平和教育の実践とその効果測定」 報告2：神直子（NPO 法人ブリッジ・フォー・ピース）「NPO が実践する，学校での平和教育の可能性」
2013秋 明治学院大学	報告1：源氏田憲一（実践女子大学） 「広島平和記念資料館のボランティア・ガイドの実践における周辺性と中心性」 報告2：野島大輔（関西学院千里国際高等部）＆「平和学入門」受講生 「高校生と語る今の『平和』——高校での平和学の学習を踏まえて」
2014春	※「平和教育」分科会開催なし
2014秋 鹿児島大学	「非暴力」との合同分科会 〈『平和を創る心理学　第2版』から見る平和・非暴力・紛争解決〉 報告1：杉田明宏（大東文化大学）『平和を創る心理学（第2版）』から見る平和教育 報告2：いとうたけひこ（和光大学）『平和を創る心理学（第2版）』から見る非暴力
2015春	※「平和教育」分科会開催なし
2015秋 琉球大学	報告1：吉田直子（東京大学大学院）「沖縄戦から何を学び，何を語り継ぐのか——次世代の平和教育の構築に向けて」 報告2：古賀徳子（ひめゆり平和祈念資料館）「ひめゆり平和祈念資料館におけるワークショップの可能性」
2016春 東京女子大学	報告1：中村（新井）清二（大東文化大学）「18歳選挙権を前に，民主的主体とは誰かについて考える」 報告2：小寺隆幸（京都橘大学，原爆の図丸木美術館）「アメリカにおけるヒバクシャ・ストーリーズの取り組みから

開催年／季／大学	企画内容
	学ぶ」 ◇平和教育プロジェクトとの共催 　ワークショップ「Active Citizen 養成講座――対話を通じて住みたい社会をつくる」
2016秋	※分科会開催なし
2017春 北海道大学	〈憲法教育における平和の視点〉 報告：前田輪音（北海道教育大学）「憲法教育と平和教育 　　　――恵庭事件を例に」
2017秋 香川大学	報告1：中原澪佳（新潟大学大学院）「非暴力コミュニケーションの可能性――パウロ・フレイレの視点から」 報告2：野島大輔（関西学院千里国際中・高等部）＋受講生「平和教育の"補完"のために――現代の国際情勢と教室とを見据えた理論形成の必要性」
2018春 東京大学	◇「平和と芸術」との合同分科会 〈平和教育への多彩なアプローチをさぐる〉 報告1：前嵩西一馬（元早稲田大学琉球・沖縄研究所）「平和教育における『沖縄』」 報告2：松永幸子（東京女子医科大学）「原爆体験の継承――ラジオ番組での取り組み」 報告3：漆戸啓（ポップスデュオ カズン）「音楽が果たす平和への役割――実践的な教育の現場から：アフガニスタン，そしてヒロシマからウガンダまで」
2018秋 京都精華大学	◇「非暴力」との合同分科会 〈世界の非暴力運動の展開と平和教育のあり方〉 報告1：山根和代（立命館大学）「アメリカの非暴力抵抗の歴史と非暴力主義の教育について」 報告2：寺田佳孝（東京経済大学）「ドイツの平和研究と平和教育学の展開」 報告3：高部優子（横浜国立大学大学院）「平和教育プロジェクト委員会の成果と理論化に向けて」

● 投 稿 論 文

4 政策効果論なき政策論争を超える道

自衛隊と集団安全保障をめぐる潜在的論点

中 村 長 史

はじめに

　本稿の目的は，集団安全保障への日本の参加／協力をめぐる国会における議論が，「政策効果論なき政策論争」ともいうべき現状にあることを指摘し，本来なされるべき議論に，どのような論点があり得るかを具体的に例示することで，政策論争の活性化を促すことにある。政策選択の是非についての議論（政策論争）には，本来，当該政策の実施が法的に許されるのかという合法性をめぐる議論（法律論）と，当該政策の実施により所期の目的が達成されるのかという政策効果をめぐる議論（政策効果論）とが，車の両輪のごとく必要となる。合法であっても効果の乏しい政策や，効果は高くても違法な政策があり得るためである。しかし，現在の日本の国会審議においては，集団安全保障をめぐる議論が法律論に偏り，政策効果に関してはほとんど論じられない状況にあるように思われる。このような状況がなぜ生まれたのか，法律論と政策効果論を兼ね備えた政策論争のためには何が必要なのかを示すことが本稿の課題となる。

　議論を進める前に，本稿がなぜ集団安全保障の問題に焦点を当てるのかに触れておこう。2015年5月，「安全保障環境の変化」を理由に，いわゆ

る安保法案が安倍内閣から国会に提出された。計11本の法案から成る同案については,同年9月に平和安全法制として成立し,2016年3月より施行されたものの,とりわけ集団的自衛権行使の是非をめぐって国会内外の議論が紛糾したことは記憶に新しい。このような事態を受け,集団的自衛権に関する多くの論考が,肯定派・否定派の双方より提出されている。しかし,「安全保障環境の変化」を真剣に捉えるのであれば,集団的自衛権のみならず,集団安全保障についても議論を深めるべきではないか。今日の紛争のほとんどは国内紛争や国際化された国内紛争であり,こと冷戦終結後に関しては国連PKOや国連安保理の許可を得た多国籍軍が対処に当たるのが実態だからである。[1] 以上の問題意識を踏まえ,本稿では,すでに議論の蓄積が豊富な集団的自衛権に関して屋上屋を架すことはせず[2],重要でありながらその陰に隠れ死角となりつつある集団安全保障をめぐる議論に焦点を当てる。

　本稿の構成は,以下のとおりである。第1節では,これまでの多国籍軍やPKOの派遣に,どのような政策効果(本稿では,現地の平和維持や平和定着に対する効果と定義する)があったのかに関する議論を整理する。ここでは,①紛争の激化・再発防止に効果はあるのか,②そもそも効果とは現在使われているような意味合いでよいのか,③弊害はないのかといった点に関する議論を紹介するが,甲論乙駁繰り広げられている学界の状況が明らかになる。

　第2節では,湾岸危機以降の日本の国会審議における集団安全保障をめぐる議論を整理する。ここでは,「できる限り国際協調をすべきである」という点には大方の合意があるが,「できる限り」の範囲をめぐって,憲法9条2項の解釈や改憲の是非が争われてきたことを確認する。一方,安保法制に至るまでの四半世紀の間,先述の学説動向とは対照的に,政策効果に関する議論が驚くほど少ないこともまた明らかになる。

　第3節では,第1・第2節の議論を踏まえ,安全保障政策の転換が模索され続けている現在の日本でこそ政策効果についての議論がなされるべき

だと主張する。多国籍軍派遣やPKO派遣の政策効果に関する議論は、それらが万能の処方箋ではない以上、本来、自衛隊の海外派遣に積極的な人々にも消極的な人々にも知的よりどころを与え得るものである。政策効果論の活性化は、国際社会と日本の平和について、より多くの人々が考えを深める機会を提供することになるだろう。最後に、以上の議論をまとめ、今後の課題や含意に触れながら結論を述べることとしたい。

なお、本稿では、政策効果論の必要性を強調するが、それは国会審議において一定程度の活況を呈している法律論に比して政策効果について論じられる機会が乏しいという現状があるからであり、決して法律論を軽視するものではない。冒頭で述べたように、政策論争には合法性をめぐる議論と政策効果をめぐる議論の双方が本来は必要とされるため、法律論に費やされているのと同程度のエネルギーを政策効果論にも充てるべきではないかと問題提起をするものである。

1 政策効果をめぐる政策論争

では、その政策効果をめぐる論点には、どのようなものがあり得るだろうか。①紛争の激化・再発防止に効果はあるのか（第1項）、②そもそも効果とは現在使われているような意味合いでよいのか（第2項）、③弊害はないのか（第3項）の3点に分けて整理したい。

1 紛争の激化・再発防止への効果

第一に、紛争の激化・再発防止への効果について論じられてきた。多国籍軍やPKO派遣の所期の目的である平和維持や平和定着が達成されたかについて、派遣後の平和の継続年数に着目して立論されることが多い。多国籍軍については、第三者が介入するのではなく当事者同士を徹底的に戦わせる方が紛争は再発しにくいと示唆する見解が示されている一方で（Luttwak [1999]）、一定の場合には激化・再発防止に成功を収めることが

あるとして，その条件を探る研究がなされている（Regan［2000］; Seybolt［2007］; Martin-Brûlé［2017］)。その内容は様々であるが，ここでは，あらゆる場合に多国籍軍派遣が成功すると捉える研究は皆無に等しい点を確認しておきたい。

また，PKOについては，効果の存在にはほぼ合意があるものの，そのタイプ別の効果が問われている。すなわち，強力なPKOであるほど効果が高まるのか，伝統的なPKOであっても効果が変わらないのかについて，甲論乙駁が繰り返されている（Doyle and Sambanis［2006］; Fortna［2008］; Martin-Brûlé［2017］）。

このように必ずしも所期の目的を達成できない理由について迫るのが，「人道的介入のモラル・ハザード」論である。冷戦終結後の人道的介入規範の出現により，政府からの人権侵害に苦しむ反政府勢力が国際社会の軍事介入への期待を抱き，政府との交渉において妥協がなされず合意が困難になるため，かえって紛争が長期化しかねないという論理である（Rowlands and Carment［1998］; Kuperman［2008］)。この論理に対しては，反政府勢力が軍事介入への期待を抱くのであれば，同様に政府は軍事介入への不安を抱くはずであるのにもかかわらず，なぜ政府側が譲歩をしないのかという点が説明できていないとの的確な指摘がなされている（Kydd［2010］pp.109-110)。ただし，軍事介入への期待を抱いた反政府勢力側の政府への態度が硬化すること自体は妥当であるとも考えられるだろう。

2　効果の意味合い

第二に，効果の意味合いを再考しようとする動きがある。従来のような短期的・消極的な意味での平和ではなく，より長期的・積極的な平和を模索するべきだとの主張がなされている。具体的には，被介入国の住民の人間開発や福祉といった，より長期的な観点をも重視するべきとの主張（Paris and Sisk［2009］p.306；Newman［2011］pp.1748-1751）や，欧米型の自由主義や民主主義の被介入国への導入をもって国内平和の達成とみてよ

いのかといった問題提起（Richmond［2004］p.95）がなされている。

近年では，介入をしておきながら平和構築活動を行わないまま撤退するわけにはいかないとの認識が政策決定者によっても示されており（UN. Doc. A/55/305-S/2000/809［21 August, 2000］para28；Blair［2010］p.248），活動の成否の評価はその主要目的に沿って判断されるべきだということを踏まえれば（Diehl and Druckman［2015］pp.100-102），紛争がない状況の継続年数に比べて測定の困難さはあるものの，傾聴に値する。ただし，「出口戦略のディレンマ」論が示唆するように，構築すべき平和の内容が豊かになったことで撤退決定が困難となり介入国部隊の駐留が長期化しやすい点にもまた配慮が必要となろう（中村［2018］162頁）。

3 弊害

第三に，弊害に目を向けるものがある。多機能化したPKOの活性化により平和構築活動の負担を多国間で分担できるようになると，武力行使への敷居が下がり，かえって武力行使への誘因が高まってしまいかねないとの「平和構築の逆説」という指摘（石田［2013］297頁）や，人道危機の発生・拡大・再発を防止できなかった教訓を踏まえて政策が多元化・重層化した結果，ある政策が同じように人道状況改善を目指す別の政策と衝突するため，各政策の効果（部分最適）を積み上げても人道状況改善という最終的な結果（全体最適）につながらないとの「人道主義のパラドックス」という警告（中村［2014］117-121頁）がある。また，植民地統治から今日の平和構築までに通底する人道主義的な言説により国際社会における権力の非対称性がつくり出されたり強化されたりする一方，権力の非対称性もまた人道主義的な言説の前提として受容されてきたとの注意が喚起されている（五十嵐［2016］233-236, 239頁）。

このように，多国籍軍・PKO派遣の政策効果をめぐって甲論乙駁が繰り返されているが，いずれの見解を採るにしても，その政策効果が自明視されているわけではない点を確認しておきたい。

2 政策効果論なき政策論争

本節では，まず，これまでの日本における集団安全保障をめぐる議論について国会審議を対象に整理し，政策効果をめぐる議論がほとんどなされてこなかったことを指摘する（第1項）。続いて，政策効果が看過されてきた理由を探る（第2項）。

1 日本の国会審議における政策効果論の欠如

日本において集団安全保障をめぐる議論が活性化する契機となったのは，1990年の湾岸危機であった。国連平和協力法案によって自衛隊の派遣が模索されたが廃案となり，結局，増税をして総額130億ドルの財政支援がなされたが，廃案になった国連平和協力法案をめぐる論点は，以下の3点であったと整理できる（衆参両院「国際連合平和協力に関する特別委員会」議事録；田中［1997］314-318頁；中村，嘉治［2015］64頁）。第一に，国連の集団安全保障措置への協力が憲法9条の「国際紛争」に当たるか否かが問われた。この点につき，憲法がいう「国際紛争」には当たらないのであれば，日本の協力は違憲ではないことになる。ただし，第二に，その集団安全保障措置とは，安保理が多国籍軍に授権するという現在のシステムを指すのか否かが問われた。つまり，国連憲章上想定されている，いわば理想的な国連軍でなくともよいのかという議論である。現行のシステムも集団安全保障措置と認められて初めて，日本の協力は違憲ではないことになる。このような法律論は，次のような論点も生み出した。すなわち，第三に，派遣される者の身分は，自衛隊から切り離された「出向・休職」にすべきか，自衛隊の身分を残した「併任」にすべきかが問われた。湾岸危機に対する集団安全保障措置の政策効果をめぐる議論が表に出てくることは，ほとんどなかった。

湾岸戦争の次に，論争を起こしたのは，PKOへの参加をめぐってであ

った。1991年9月に国際平和協力法（PKO法）案が国会に提出され，1992年6月に成立したが，主要な論点は，以下の3点であったと整理できる（衆参両院「国際平和協力等に関する特別委員会」議事録；田中［1997］320頁；中村，嘉治［2015］65頁）。

　第一に，PKOへの参加が憲法9条の禁じる武力行使に当たるか否かが問われた。当時はまだ平和執行型のPKOは誕生しておらず，伝統的なPKOが想定されていたが，任務遂行のための武器使用があり得る以上，憲法との関係が問題になったのである。そこで，政府は，停戦・武装解除の監視，緩衝地帯の駐留・巡回，武器搬出入の検査，武器の収集・保管・処分，境界線の設定援助，捕虜の交換などの歩兵部隊が行うことが多い業務について，「別に法律で定める日までの間は，これを実施しない」（国際平和協力法 附則第2条）とした。いわゆる本体業務の凍結・後方支援への限定である。

　第二に，政府は，あらゆる武器使用が武力行使に当たるわけではない（「政府統一見解」1991年9月27日）としたため，武器使用の基準が問われることになった。具体的には，PKO要員の生命・身体の防護（正当防衛や緊急避難）に限るか，任務遂行の妨害の排除を含むかが議論となったが，前者に限られた。第一の論点において，任務遂行のための武力行使の可能性を排除するために本体業務を凍結した以上，論理的な帰結としては当然であった。ただし，これに対しては，他国の要員や日本のNGO等を守るための武器使用が法的にできなくなるとの批判もあった。

　第三に，その武器使用基準を満たすか否かを誰が判断するのかが問われた。具体的には，要員個人の判断にのみ委ねられるのか，上官の命令により組織的にもなされるのかで議論が分かれたが，組織としての武器使用は武力行使に当たるとの批判を避けるため，前者に限られた。

　これらの論争を経て設定されたのが，いわゆる「PKO5原則」であり，①停戦合意，②紛争当事者の受入れ同意，③中立性といった当時の国連における三原則に加え，④三原則のいずれかが満たされない場合は撤収，⑤

武器使用は自衛に限る，を含むものとなった。一方，PKO派遣の政策効果が議論になることは，ほとんどなかった。

2001年の9.11同時多発テロ事件の発生と米国を中心とする「対テロ戦争」の開始を受け，日本でも再び政策論争が活発になった。米国を中心とする多国籍軍のアフガニスタン介入には安保理決議の許可があったが，国際平和協力法の対象外であったため，期間と場所を限定した特措法の成立が必要となり，10月にテロ対策特別措置法が成立した。

その際の主要な論点は，以下の3点に整理できる（衆議院「国際テロリズムの防止及び我が国の協力支援活動等に関する特別委員会」議事録；参議院「外交防衛委員会」議事録；中村，嘉治［2015］66-67頁）。第一に，自衛隊の派遣が憲法上認められないとされてきた集団的自衛権の行使に当たるか否かが問われた。政府は，戦闘行為に参加しない以上，当たらないとした。その結果，第二に，戦闘地域とはどこかが問われ，戦闘地域と非戦闘地域とをどのように区別するのかが問題になった。第三に，武器使用基準について①正当防衛や緊急避難に限るか，②同じ場所にいる他国の部隊や国際機関・NGOの職員等（自己の管理下に入った者）を守るための武器使用も認めるか，あるいは，③自衛隊の拠点から離れた場所で文民や他国の部隊等が襲われた場合に救援すること（駆けつけ警護）や，④任務遂行のための武器使用まで認めるかが問われた。国際平和協力法では正当防衛や緊急避難に限られていたが，テロ対策特別措置法では自己の管理下に入った者を守るための武器使用も認められることとなった（①と②）。これまでのような国家間戦争や内戦ではなく，新たに国際テロに対するものであったにもかかわらず，国内法との関係でお馴染みの論点が出てくるばかりで，その政策効果が議論される機会は乏しかった。

テロ対策特別措置法成立から2ヵ月後の2001年12月には，国際平和協力法の第二次改正がなされた。変更点は，以下の3点であった。第一に，PKO本体業務は先述のように凍結されていたが，この凍結が解除された。もっとも，2018年3月現在までに本体業務が実施されたことは一度もない。

第二に，自己の管理下に入った者を守るための武器使用が可能になった。先のテロ対策特別措置法と同様の規定となったのである。第三に，自衛隊が保有する武器や通信機器等を防護するための武器使用が可能になった。いずれも実際に派遣がなされて得られた経験に基づく変更であったが，前回の改正同様，大きな議論となることはなかった。

　その後も，イラク復興支援特別措置法（2003年）や「安全保障の法的基盤の再構築に関する懇談会」（安保法制懇）の報告書（2007年）をめぐって議論が起きたが，主たる論点は上記と同じであった。そして，第二次安倍政権発足後に再発足した安保法制懇の報告書提出と閣議決定（2014年）を受け，いわゆる安保法制をめぐる論争が巻き起こったが，論点が集団的自衛権行使容認の是非に回収されがちであったのは，先述のとおりである。

　このような経緯を経た2018年現在の集団安全保障に関わる議論の主たる論点は，以下の5点であると整理できる（「安全保障の法的基盤の再構築に関する懇談会」配布資料；同報告書；国家安全保障会議決定・閣議決定「国の存立を全うし，国民を守るための切れ目のない安全保障法制の整備について」；内閣官房「国の存立を全うし，国民を守るための切れ目のない安全保障法制の整備についての一問一答」）。①国連安保理の許可を得た多国籍軍への参加を認めるべきか，②自衛権の行使中に武力行使を許可する安保理決議が採択された場合，武力行使を認めるべきか，③PKOにおいて任務遂行のための武器使用を認めるべきか，④PKOにおいて駆けつけ警護を認めるべきか，⑤PKOの停戦合意や受け入れ同意について全ての紛争当事者の同意ではなく主たる紛争当事者の同意へと変更を認めるべきかの5点である。

　論点①は，湾岸危機以来，議論されてきたが，従来の協力ではなく参加をするためには，憲法9条の解釈変更が必要となる。この論点①で多国籍軍への参加を否定すれば，自衛権の行使中に武力行使を許可する安保理決議が採択された場合に武力行使は許されるのかが，次に問題となる。それが，論点②である。他の3点はPKOに関するものであるが，いずれも1992年の国際平和協力法の頃から議論が続いてきた点である。

これら5点のうち，論点②について政府は認められる（途中でやめなければならないわけではない）との見解を示しており，論点③・④については2016年3月施行の安保法制で認められた。一方，論点①・⑤については2014年7月の閣議決定で棚上げされたこともあり，議論が下火になっているが，潜在的な論点としては残っている。

　以上を大まかにまとめれば，「多国籍軍への参加を認めるべきか」，「PKOへの参加の度合いを高めるべきか」の2点が議論されているといってよいが，いずれの論点においても，積極派・消極派の双方ともに憲法9条2項の解釈に終始してきた感が否めず，当該政策は所期の目的を達成できるのか，弊害はないのかといった政策効果に関する議論は驚くほど少ない。政策選択をめぐる論争であるにもかかわらず，いわば「政策効果論なき政策論争」が展開されているのである。[5]

2　政策効果が看過されてきた理由

　このように国会審議において政策効果が看過されてきたのは，なぜか。原因の一つとして，安全保障が情報の秘匿性が高い分野ゆえに，国会議員等の政策エリートと有権者との間に情報の非対称性があることが考えられる。有権者からの支持調達を目指すならば，消極派の政策エリートにとっては，法律論，あるいは立憲主義や民主主義といった意思決定の手続きについての観点から反対の論陣を張るのが「合理的」となる。これを受けて，積極派は，政策の合法性や憲法解釈変更の妥当性を強調することになり，法律論へと偏っていくのではないか。

　もっとも，消極派にのみ，その責任を帰すのは公平性に欠けるだろう。より根本的な理由として挙げるべきは，自衛隊の海外派遣を主導してきた勢力がしばしばみせる復古主義的な姿勢への不信感であろう。立憲主義や民主主義に対する政権側の姿勢への反発から，安全保障上の問題が民主主義や立憲主義といった手続きの問題として議論されがちであるのは，こと集団安全保障に限らず，60年安保や集団的自衛権行使容認をめぐってもみ

られたところである（遠藤［2015］12-13頁；添谷［2016］178頁）。そして，時折顔をのぞかせる歴史認識に関する復古主義的な姿勢・発言もまた，そのような勢力による自衛隊の海外派遣に懸念を生み出す。たとえば，坂本義和は，PKO待機部隊の構想を通じて国際平和を模索する文脈において，「冷戦期に生まれた『絶対平和主義』を非歴史的に絶対化することは，かえって憲法の平和主義を無力化するおそれがありはしないか」との問題提起をするなど集団安全保障の重要性を強く認識していたが，その坂本も，「侵略責任の未決済」を繰り返し強調し，自衛隊の海外派遣には一貫して慎重であった（坂本［1997］72-75, 152, 155-159頁）。大沼保昭は，多国籍軍への参加を合憲と解釈するなど，坂本よりも自衛隊派遣に積極的な姿勢を示すが，やはり戦争責任を果たしてこなかったことを問題視した（大沼［2004］150-154頁）。多くの有権者が坂本や大沼ほどに明快な考えを持っているわけではないにしても，漠とした不信感を抱いても不思議ではない。

情報の非対称性や復古主義的な政権への不信感があるにしても，有権者が現状よりも多くの知識を得る余地があると考える向きもあろう。たとえば，多くの国民が戦争といえば未だに第二次世界大戦をイメージしている現状に対し，戦争の性質が変化していることを理解すべきだとの指摘が加えられている（細谷［2016］72-73頁）。たしかに，戦争の性質の変化は秘匿性の高い知識とはいえず，妥当な指摘であると思われるが，有権者からすれば日常生活と直接関係の薄い問題について知ることの優先順位は決して高くない。戦争の性質の変化についてでさえ，そうである以上，学者の間でも議論が分かれる政策効果についての理解が短絡的なものとなり，効果や弊害の有無を問いなおそうとする動きが有権者に生まれないのも，さほど不自然ではない。このような有権者の現状を踏まえれば，国会審議における政策効果論の不人気もゆえなきことではないのである。

3　政策効果論なき政策論争を超えて

　本節では，国会審議における政策効果論の不人気にもかかわらず，それを論じる必要性が現在の日本でもなお高いことを示す（第1項）。続いて，日本の文脈でこそ論じられるべき政策効果に関わる具体的な論点を例示する（第2項）。

1　政策効果を論じる必要性

　前節で確認した政策効果論の不人気にもかかわらず，国会審議において政策効果論が必要だというのが，本稿の立場である。もちろん，多国籍軍やPKO派遣の政策効果が自明視できるものであれば，当該政策が法的に許されるか否かという「法律論」に関する検討で事足りる。しかし，第1節で確認したように，その効果が当然のものとはいえない以上，仮に当該政策が法的に許されるとしても，それを実際に行うことで現地の平和維持や平和定着に効果を見込めるのかという議論を避けて通れないはずではないか。自衛隊の海外派遣に積極的な立場をとるのであれば，その論拠として，十分な政策効果が期待できるという見通しが示されなければならない。

　一方，消極的な立場からすれば，法律論は政策効果論に先立つという考え方もあり得るだろう。違憲の疑いが強い政策については，そもそもその効果を問うても詮無いことだとする考えには一理ある。しかし，消極的な立場からしても，違憲論のみを頼みとして政策効果について十分に考えないままでは，憲法が変わってしまった際には，主張の根拠をすべて失うこととなる。第1節で確認したように学術的に甲論乙駁繰り返されている政策効果について考えることは，決して積極派のみを利するものではないし，憲法をめぐる昨今の国内政治状況からしても法律論と併せて検討するのに値するのではないだろうか。

　もっとも，前節で確認したように有権者と国会が政策効果論を避けてい

る現状を踏まえれば，政策効果についても議論しようと「お説教」を加えるだけでは，事態の改善は見込めないだろう。有権者の間で政策効果への関心が高まることで国家でも政策効果が論じられるようになる可能性を高めるため，政策効果論を避けてきた人々であっても議論に参加しやすくなる基盤づくりを目指して，学問的見地から具体的な論点を例示していくことが重要となる。第1節で提起した論点について，日本の文脈で議論を深める必要が，ここにある。

2　日本の文脈での政策効果論

現在の日本は集団安全保障を率先して行う位置にいるわけではないが，一派遣国であっても，政策効果に対する責任から自由でいられるわけではない。にもかかわらず，国会においては，派遣に際しての政策効果の見通しが語られないばかりか，派遣がなされたあとの検証さえも十分に行われてきたとは言い難い（藤原［2010］422頁）。

カンボジアにおけるPKOへの参加やイラクにおける多国籍軍への協力について国会の場で積極的に支持を与えた人々は一定数いたが，①紛争の激化・再発防止に効果はあったのか，②そもそも効果をどのような意味合いで使えばよかったのか，③弊害はなかったのかといった点について，たとえ事後的にあるにせよ，考えた人がどれほどいただろうか。これらの点を省察することなく，ただ派遣がなされた時点で満足しているようでは，負担を分担することで米国の「ご機嫌取り」をしているだけだとの誹りを免れ得ないだろう。[8]

では，派遣に消極的であった人々はどうだろうか。政策効果を事後的に検証しない点では，消極派も同様であるといわざるを得ない。たとえば，国際平和協力法に国会の場で反対していた人々は少なからず存在したが，自衛隊がカンボジアに派遣された後，自衛隊以外の文民とはいえ犠牲者が出たにもかかわらず，総括の議論がなされることは，ほとんどなくなった。ひとたび派遣がなされれば，諦観の念が強くなるのだろうか，その後の事

例でも政策効果を問いなおすことで積極派と議論しようといった姿勢はほとんど見受けられない。

　このような国会の不作為も，有権者の側から政策効果を問いなおす動きが出てくれば変化し得るだろう。しかし，自衛隊派遣に対する違憲訴訟こそ提起されるものの，消極派の人々による派遣後の総括は，初期の派遣事例であるカンボジアにおいてさえ，ほとんどみられなかった（坂本［1997］72頁）。かつて丸山眞男は，組合運動や原水爆反対運動を例に，「盛んに反対したけれども結局通っちゃった，通っちゃったら終りであるという……勝ち負け二分法」に批判を加えたが，この批判が，そっくりそのまま当てはまるのが現状ではないだろうか（丸山［1958/1996］343-345頁）。

　国会内外において，消極派もまた政策効果を振り返る機会を逸しているのである。さらにいえば，法案の成立や派遣実績の積み重ねによって，反対の主張の根拠（違憲）が弱まるにつれて議論が少なくなっていった事実は，違憲論のみを頼みとして政策効果について考えないことの末路（改憲による根拠喪失と改憲後の諦観）を示唆してはいないだろうか。

　日本においては，現地の情報を収集する能力に制約があるといった点から，政策効果をめぐる三つの論点について，個別の事案につき事前に十分な検討をすることが難しい面はある。しかし，事後的に，過去形の問いとして検討することは，十分にできるはずである。自衛隊の派遣を境に議論が収束する現状は，派遣に賛成することや反対することが自己目的化している証拠だと言わざるを得ない。まず，事後的な検証から始めること。その先に，過去の事例を参考とした，政策効果の事前の検討が可能になるだろう。

おわりに

　本稿の目的は，集団安全保障への日本の参加／協力をめぐる国会における議論が，法律論に偏った「政策効果論なき政策論争」ともいうべき現状

にあることを指摘し，本来なされるべき政策効果に関する議論に，どのような論点があり得るかを具体的に例示することにあった。①紛争の激化・再発防止に効果はあるのか，②そもそも効果とは現在使われているような意味合いでよいのか，③弊害はないのかといった点である。そして，これらの政策効果論と法律論とを兼ね備えた政策論争が行われる必要性，特にすでに自衛隊が派遣された事案の事後的な検証から始める重要性を主張した。

もっとも，これで議論が尽くされたわけでは到底ない。本稿では，便宜上，法律論と政策効果論とを峻別したが，政策の合法性が政策効果に影響を及ぼすという点は，政治学の古典的洞察といってよい。たとえば，ハンス・J・モーゲンソー（Hans Joachim Morgenthau）は，自衛や集団安全保障の名の下になされる武力行使と侵略とを比較して，合法的な力は正当化しやすいため，正当化されにくい非合法な力よりも効果的であるとした（Morgenthau［1948/2006］p.32）。この点を意識して，違憲の疑いが残る日本の新たな安全保障政策について論じる必要があるが，なお別稿を要するため，他日を期したい。

多国籍軍派遣やPKO派遣の政策効果に関する議論は，それらが万能の処方箋ではない以上，本来，自衛隊の海外派遣に積極的な人々にも消極的な人々にも知的拠り所を与え得るものである。政策効果論の活性化は，現地，ひいては国際社会の平和について，より多くの人々が考えを深める機会を提供することになるだろう。平和の価値・定義について懐疑的に問い続け，未来の平和を構想する平和研究こそが，この政策効果論に率先して取り組むべきではあるまいか。

【付記】本稿は2017年度科学研究費補助金（若手研究B）17K13684および2018年度村田学術振興財団研究助成による研究成果の一部である。

注

1 本稿では，国連安保理の許可を得た多国籍軍とPKOの派遣を集団安全保障として扱う。集団安全保障は，その国際公益を目的とする性格ゆえ，いま一つの武力不行使原則の例外である自衛と区別される。この点につき，国連安保理の許可を得た多国籍軍とPKOは，少なくとも大義名分としては国際公益を目指すものだといえる。実際，両者が慣行として定着するにつれ，国連憲章上の国連軍による強制行動のみならず，両者もまた含めた形で集団安全保障と呼ばれるようになってきている（筒井，小寺，道垣内編［1998］175頁）。ただし，本稿では，両者を集団安全保障として同一の土俵にのせつつも，明示的に分けて論じる。「戦争をもって戦争を終える」多国籍軍派遣に対し，PKO派遣は「敵味方の区別をせず，人の殺傷を目的としない」点で性質が異なるが，この点は，憲法九条を持つ日本の文脈で検討する際に，とりわけ重要になるためである（最上［1990/2005］27-29, 32頁）。

2 もっとも，注目を集めた集団的自衛権の行使容認についてさえ，その正負の効果が十分に議論されたとは言い難い。依然として残されている論点については，石田［2014］67, 72, 84-85頁。

3 これはあくまでも比較の問題であり，法律論とて，その重要性を十分に理解されているとは言い難い。この点につき，長谷部［2016］10-11頁は，米国による秘密作戦実行という法律論が後景に退きそうな場面においてもなお，実際には合法性が段階ごとに検討され，政策決定の幅を規定していることを示している。日本を対象とした論考ではないが，安保法制等をめぐる刊行当時の状況を踏まえれば，法律論の重要性を改めて強調しなければならない第一人者の苦悩と責務が垣間みえる。

4 日本政府は，多国籍軍と異なり，国連PKOへの「参加」は憲法の禁ずる海外派遣に当たらないとした（参議院「国際平和協力等に関する特別委員会」議事録［1992年4月28日］）。

5 日本の国会審議の一般的な問題点として，質・量の両面において，欧州諸国と比較して低調であるとの指摘が既になされている（大山［2011］2-5, 9頁）。本稿では，集団安全保障の分野では，その数少ない実質的議論が法律論に偏し，政策効果論が極端に少ないことを示している。

6 最上［1990/2005］32-33頁も同様の見解を示している。

7 もちろん，政治に関する一般国民の関心や能力が限定されているのは，十分な政治参加の機会を与えられず排除されているからであり，参加を通じて関心や能力を高めることができるとも考えられる。このような人

間観に基づき,「競争デモクラシー」と対置される「参加デモクラシー」の可能性を模索する視点は重要であるが,ここではあくまでも現状の説明として,一般国民を描いている。競争デモクラシーや参加デモクラシーについては,中北［2012］14-17頁を参照。
8　この点につき,日本においては,国連の集団安全保障措置への取り組み強化の是非が,米国からの要請に応えるべきか否かという論点に容易に転換しうるため,国連の集団安全保障を正面から論じにくいという指摘が繰り返しなされている（最上［1990/2005］19頁; 坂本［1994/2004］268-270頁; 山田［2014］219-220頁）。

参考文献

Blair, Tony［2010］, *A Journey: My Political Life*, Random House.
Diehl, Paul and Daniel Druckman［2015］"Evaluating Peace Operations," Koops, Joachim, Norrie MacQueen, Thierry Tardy, and Paul D. Williams eds. *The Oxford Handbook of United Nations Peacekeeping Operations*, Oxford University Press.
Doyle, Michael and Nicholas Sambanis［2006］, *Making War and Building Peace*, Princeton University Press.
Fortna, Virginia Page［2008］, *Does Peacekeeping Work? Shaping Belligerents' Choices after Civil War*, Princeton University Press.
Kuperman, Alan J.［2008］, "The Moral Hazard of Humanitarian Intervention: Lessons from the Balkans," *International Studies Quarterly* 52-1, pp. 49–80.
Kydd, Andrew H.［2010］, "Rationalist Approaches to Conflict Prevention and Resolution," *Annual Review of Political Science* 13, pp.101–121.
Luttwak, Edward N.［1999］, "Give War a Chance," *Foreign Affairs* 78-4, pp.36–44.
Martin-Brûlé, Sarah-Myriam［2017］, *Evaluating Peacekeeping Missions: A Typology of Success and Failure in International Interventions*, Routledge.
Morgenthau, Hans J.［1948/2006］, *Politics among Nations: The Struggle for Power and Peace*, Mc Graw Hill.
Newman, Edward［2011］, "A Human Security Peace-building Agenda," *Third World Quarterly* 32-10, pp.1737–1756.
Paris, Roland and Timothy D. Sisk eds.［2009］, *The Dilemmas of Statebuilding: Confronting the Contradictions of Postwar Peace Opera-*

tions, Routledge.

Regan, Patrick M. [2000], *Civil Wars and Foreign Powers: Outside Intervention in Intrastate Conflict*, The University of Michigan Press.

Richmond, Oliver P. [2004], "UN Peacebuilding Operations and the Dilemma of the Peacebuilding Consensus," *International Peacekeeping* 11-1, pp.83-102.

Seybolt, Taylor B. [2007], *Humanitarian Military Intervention: The Conditions for Success and Failure*, Oxford University Press.

五十嵐元道［2016］,『支配する人道主義——植民地統治から平和構築まで——』岩波書店。

石田淳［2013］,「平和構築の逆説」中西寛，石田淳，田所昌幸『国際政治学』有斐閣。

石田淳［2014］,「安全保障の政治的基盤」遠藤誠治，遠藤乾編『シリーズ日本の安全保障1 安全保障とは何か』岩波書店。

遠藤誠治［2015］,「パワーシフトと日米安保体制」遠藤誠治編『シリーズ日本の安全保障2 日米安保と自衛隊』岩波書店。

大沼保昭［2004］,「護憲的改憲論」『ジュリスト』1260号，150-158頁。

大山礼子［2011］,『日本の国会——審議する立法府へ』岩波書店。

坂本義和［1994/2004］,「平和主義の制度構想」『坂本義和集4 日本の生き方』岩波書店。

坂本義和［1997］,『相対化の時代』岩波書店。

添谷芳秀［2016］,『安全保障を問いなおす——「九条—安保体制」を越えて』NHK出版。

田中明彦［1997］,『安全保障——戦後50年の模索』読売新聞社。

筒井若水，小寺彰，道垣内正人編［1998］,『国際法辞典』有斐閣。

中北浩爾［2012］,『現代日本の政党デモクラシー』岩波書店。

中村長史［2014］,「人道主義のパラドックス——冷戦終結後の人道危機対策再考」『平和研究』43号，109-125頁。

中村長史［2018］,「出口戦略のディレンマ——構築すべき平和の多義性がもたらす難題」『平和研究』48号，149-166頁。

中村長史，嘉治美佐子［2015］,「人道の時代の日本外交——『平和政策』論争の見取り図」『国際社会科学』64輯，57-72頁。

長谷部恭男［2016］,「戦う合衆国大統領」『UP』530号，7-11頁。

藤原帰一［2010］,『新編 平和のリアリズム』岩波書店。

細谷雄一［2016］,『安保論争』筑摩書房。

丸山眞男［1958/1996］,「政治的判断」『丸山眞男著作集（第七巻）』岩波書店。
最上敏樹［1990/2005］,「良心的兵役拒否国の証のために」『国境なき平和に』みすず書房。
山田哲也［2014］,「不可視化される国連」遠藤誠治,遠藤乾編『シリーズ日本の安全保障1　安全保障とは何か』岩波書店。

［東京大学＝国際政治学］

5 人道支援の政治化の抑止

国連ソマリア支援ミッションを事例に

新沼 剛

はじめに

1992年,『平和への課題(*An Agenda for Peace*)』において,「平和構築」の概念が導入されて以来,ホスト国に平和を定着させるためには,治安および政治領域の活動だけでなく,社会経済的な基盤を構築する活動の重要性が認識されるようになった。このような背景から,国連は,紛争国への寄与の最大化を図るために,その多様な能力(治安,政治,人道,開発等)を一貫して相互支援的に発揮できるよう各部門の組織的・戦略的統合を進め,その過程でいくつかの重要な指針を策定してきた。組織的統合として,国連内外の人道機関間の連携・調整の任にあたる国連人道問題調整事務所(OCHA)は2011年に『統合国連プレゼンス内でのOCHAの組織的関係』を公表し,組織的統合度は,ホスト国の治安・政治情勢の他,①紛争当事者・現地住民の受容度,②非国連人道機関との関係,③ホスト国政府の人道支援を行う意思と能力を踏まえ決定されるべきであるとしている(UN-OCHA [2011])。

一方,戦略的統合として,国連は2006年に『統合ミッション立案過程』(IMPP)を策定し,「国連システムがその関連部分をすべて関与させることにより,特定国における戦略目標について,共通の理解を確立するための手段」であると位置づけられた(UN [2006])。IMPP は新規ミッション

99

の設立から撤退または後継ミッションへの承継までの一連の過程における諸手続きを規定したもので，この手続きにもとづき，現地の平和維持活動（PKO），特別政治ミッション（SPM），およびカントリーチーム等の国連機関は，戦略目標および業務分掌に対する理解を共有するために，「統合戦略枠組」を策定してきた（UN［2010a］; UN［2010b］）。

　統合アプローチが人道支援に与える影響について分析した先行研究は数多くある。たとえば，国連統合運営グループが2011年に公表した『国連の統合と人道スペース』に関する独立調査報告書は，統合アプローチが人道スペースに与える影響を「正」と「負」の両面から包括的に分析を行っている（Metcalfe, Giffen, Elhaway［2011］）。また，上野友也は，統合アプローチによって人道コミュニティの分断がもたらされるリスクについて考察している（上野［2012］）。これらの研究には共通点がある。すなわち，平和の定着に向け，国連が一貫性のある平和活動を推進するために，治安・政治部門と非政治的（中立的）な存在である人道部門が「ひとつの国連」として統合されると，政治的目標を達成する手段として人道支援が利用される「人道支援の政治化」が生ずるという認識である[3]。

　2013年，国連はIMPPに代わる指針として，『統合的評価と計画に関する指針』（IAP）を新たに策定するとともに，そのマニュアルに位置づけられる『統合的評価と計画に関する手引き』（以下，『手引き』）を公表した[4]。特に人道的観点から重要なのは，『手引き』には，統合が人道支援にもたらすリスクを分析するツールとして，9項目で構成される「人道的配慮（Humanitarian Considerations）」が盛り込まれ，IMPPと比べ，人道支援の政治化のリスクを抑えようという配慮がより鮮明になっている点である。

　IAP公表後，アーサー・ブテリ（Arthur Boutellis）は同文書に関する論考を発表している。その中で，ブテリは新規ミッションの設立に先立って行われる戦略・技術評価の結果と実際にミッションに与えられるマンデートおよびその規模との間にはギャップがあるとしたうえで，その要因として，国連各部局間や加盟国間の政治的思惑が働いていると指摘している

図1　国連ミッションの評価・計画立案過程

（出所）IAP Working Group［2013］をもとに筆者が作成。

(Boutellis［2013］p.13)。しかし，ブテリの研究は人道支援に焦点を当てたものではない。そこで，本稿では，2013年に設立された国連ソマリア支援ミッション（UNSOM）の設立過程に焦点を当て，統合による「負」の影響を最小限にするために行われる「リスク分析」の制度化が人道支援の政治化の抑止に寄与しうるのか検証する。その際，国連ミッションの評価・計画立案過程（図1）のうち，事務総長報告書および安全保障理事会（以下，「安保理」）の審議を中心に検証を行う。なお，UNSOMを事例として取り上げたのは，ソマリアは人道支援の政治化が著しい国家であり，リスク分析の有効性を検証するには妥当であると考えられるためである。

1　UNSOM 設立までの経過

本節では，ソマリアの内戦の経過，事務総長報告書（S/2013/69）の提出から安保理決議2093および2102の採択までの過程を概観する。

1　ソマリア内戦の経過

ソマリアは1990年代前半，内戦の激化に直面し，国連は平和維持部隊を派遣したが，現地武装勢力と対立し，氏族間の和解や武装解除等の当初の

目的を達成することなく，1995年3月に撤退した。

　国連は「維持する平和がない」ソマリアに軍事的関与を控えてきたが，1995年4月15日，SPMとして国連ソマリア政治事務所（UNPOS）を設立し，氏族間の和平や国家建設等，政治的関与は継続してきた。国連や周辺諸国の仲介により，ソマリアには2000年に暫定国民政府（TNG），2004年には暫定連邦政府（TFG）が樹立されたが，いずれの政府も脆弱で，汚職や買収選挙等が横行し，国民から正統政府と見なされなかった（遠藤［2015］）。

　TFGの設立と期を同じくして，ソマリア中南部の中心勢力としてイスラム法廷会議が台頭した。TFGは米国やエチオピアからの支援の下，イスラム法廷会議を2007年に解体することに成功した。しかし，イスラム法廷会議に代わる新たなイスラム勢力としてアルシャバーブが台頭した。アルシャバーブはイスラム法（シャリーア）にもとづく統治を志向し，エチオピア軍の駐留に対する現地住民の反発に乗じ，その支持を拡大させ，エチオピア軍やアフリカ連合ソマリアミッション（AMISOM）に対する攻撃を活発化させ，2007年から2010年にかけて，その勢力を拡大させた。

　アルシャバーブに対抗するため，2007年2月，安保理は決議1744を採択し，アフリカ連合加盟国に対して，紛争当事者間の対話と和解の促進，TFGの関係機関の保護，国家安全保障安定化プログラムの推進の支援，人道支援に必要な安全の確保等の目的のためにソマリアにミッション（すなわちAMISOM）を設立することを承認した（UN［2007］）。また，安保理は決議1863（2009年）にもとづき国連アフリカ連合ソマリアミッション支援事務所（UNSOA）を設立し，AMISOMに対し，燃料，車両，通信機器等の物資の提供およびこれらの輸送をはじめとするロジスティック面の支援を始めた。さらに，2012年2月22日，決議2036により，アルシャバーブやその他の勢力の脅威を軽減するために「必要なあらゆる手段」を採る権限をAMISOMに付託した（UN［2012a］）。

　2012年8月20日，TFGによる統治が終わると，ソマリアでは新しい連

邦議会の樹立，暫定憲法の制定に続き，新大統領および首相が任命され，同年11月に新内閣が発足した。ソマリア連邦政府（FGS）の樹立という新たな局面を迎え，2012年9月18日，安保理は決議2067を採択し，事務総長に対し，ソマリアにおける国連システムの統合に向けた評価を実施するとともに，統合に向け採りうる選択肢を提示するよう求めた。同決議にもとづき，同年9月から12月にかけて，国連政治局主導で戦略評価が行われた（UN［2013b］para.64）。

2　UNSOMの設立
(1) 事務総長報告書

戦略評価に引き続き，2013年1月31日，事務総長報告書（S/2013/69）が安保理に提出され，新たなSPMの組織として，以下の四つの選択肢が提示された。

第1選択肢の「アフリカ連合・国連共同平和支援活動（Joint African/United Nations Peace Support Operation）」は，アフリカ連合が主に軍事・警察等の治安部門，国連が政治やロジスティック等の民生部門を担うもので，財政とロジスティック面の支援を求めるアフリカ連合の意向に沿った選択肢であった。この選択肢ではカントリーチームは組織的に統合されないが，アルシャバーブに対し軍事作戦を展開するAMISOMと国連の政治部門が一体化することにより，新規ミッションは政治的不偏性を維持できず，結果的に人道スペースが損なわれる可能性があるため，同報告書はこの選択肢を推奨していない（UN［2013b］para.75a）。

第2選択肢の「完全統合型の国連平和構築ミッション（Fully Integrated United Nations Peacebuilding Mission）」は，UNPOSの政治支援活動，カントリーチームによる人道・開発援助活動，そしてUNSOAのロジスティック支援すべてを組織的に統合し，AMISOMと緊密に連携することを想定していた。この選択肢は，国連の窓口を一つに統合し一貫性のある活動を求めるソマリア大統領の意向に沿った選択肢であった。しかし，第1選

択肢と同様，この選択肢も人道スペースを損なうとの理由から，同報告書はこの選択肢を推奨していない（UN［2013b］para.75b）。

第3選択肢の「国連支援ミッション（United Nations Assistance Mission）」は，政治・平和構築の支援およびUNSOAのロジスティック機能を統合する一方，カントリーチームについては組織的に分離することを想定していた。一方，国連事務総長特別副代表（DSRSG）が常駐調整官（RC）および人道調整官（HC）を兼務するポスト（DSRSG/RC/HC）の設置は，現地情勢の変化に応じ検討していくとし，組織的統合の先送りを勧告している[7]。この選択肢では政治部門と人道部門の明確な区別が担保されるため，同報告書はこの選択肢を推奨している（UN［2013b］para.75c）。

第4選択肢の「UNSOAと分離された国連平和構築ミッション（United Nations Peacebuilding Mission Separate from UNSOA）」は，第2選択肢と同様，政治，人道，開発の各部門の統合を図る一方，ロジスティック支援についてはミッションの外に置くというものである。これは国連の窓口の統合を主張するソマリア大統領の意向に沿うものであるとともに，独立したロジスティック支援を可能にする。しかし，ロジスティック支援がミッションの外に置かれるということは，国連事務総長特別代表（SRSG）の指揮外に置かれることを意味するため，現場のニーズに合わない支援が実施される可能性があるため，同報告書はこの選択肢を推奨していない（UN［2013b］para.75d）。

(2) 安保理の承認

2013年2月14日に開催された安保理第6921会合では，審議に先立ち，政治局のゼリフーン次長から，新規ミッションの組織的統合は2014年以降の検討課題であるとし，改めて即時の組織的統合に否定的な見解が示された[8]。

一方，安保理は3月6日に開催された第6929会合において全会一致で決議2093を採択し，UNPOSの後継となる新たなSPMを設置することに合意するとともに，事務総長報告書で提示された第3選択肢に沿う形で

UNSOAの組織的統合を決定した（UN［2013c］paras.18, 20）。さらに，安保理は2014年1月までにDSRSG/RC/HCのポストの設置とともに，カントリーチームとSPMとの統合の進捗を定期的に報告するよう要請した（UN［2013c］para. 21）。

5月2日に採択された決議2102では，UNSOMの設立が決定され，マンデートとしてFGSの和平・和解プロセスの支援，治安部門改革や法の支配等の平和構築および国家建設に係る政策提言，人権の保障に向けたFGSの能力強化等が付託された（UN［2013d］para.2）。

2 　考　察

本節では，『手引き』の「人道的配慮」の視点から，国連事務局がどのようにリスク分析を行ったか考察するとともに，安保理が決議2093において組織的統合にまで踏み込んだ政治的背景およびその影響について分析する。そのうえで，UNSOMの事例から得られる示唆について述べる。

1　事務総長報告書の妥当性

上記したように，事務総長報告書は，現地情勢を踏まえ，政治部門と人道部門の峻別を担保するために，当面，DSRSG/RC/HCのポストを置かない「国連支援ミッション」を推奨している。ここでは，この事務総長報告書が作成されるまでの過程で，国連事務局各部局はどのようにリスク分析を行ったのか，「人道的配慮」の視点（表1）から考察する。

項目1については，2010年後半以降，アルシャバーブは後退局面を迎え，支配地域を縮小させていたものの，2013年初めになってもなお中南部ソマリアの広範な地域を支配し，TFGを引き継いだFGSおよびAMISOMと激しく武力衝突を繰り返していた。また2008年2月の米国による国際テロ組織への指定および同年11月に採択された安保理決議1844による経済制裁により，アルシャバーブは国連職員を「正当な攻撃対象」と見なし，自爆

表1 『人道的配慮』の9項目

項目	内容	評価
1	当該国政府の統治が全領土に及んでいない場合,どれだけの人道支援プログラムが政府の統治が及んでいない地域で行われているか? それらのプログラムはどれぐらいの住民を支援しているのか? 武装集団は政府や和平合意に反対しているか?	△
2	国連の統合は人道支援領域における政府や非国家主体との関係にどのような影響を与えるか?	△
3	国連の政治・安全保障上の方針が人道機関のイメージを悪化させないか?	×
4	国連の事業実施パートナーや現地／国際NGOは新規ミッションの役割や組織をどのように見ると予測されるか?	×
5	政府,現地住民,武装勢力は,国連人道機関,国連以外の人道機関,政治・平和維持部門を識別する能力と意思を有しているか?	×
6	民軍調整方針に沿いミッションの資源を活用することによって,人道支援活動の実施と人道アクセスの獲得が容易になりうるか? 国連人道機関がミッションの資源を利用することによって,紛争当事者や現地住民が人道コミュニティに抱くイメージに変化はあるか? 中長期的な視点で,受益者と人道支援活動にはどのような影響を与えそうか?	○
7	国連人道機関,NGO,軍隊との間で既に民軍調整方針が立案されているか? そしてそれは実際に履行・遵守されているか?	△
8	DSRSG/RC/HCを含めた組織的統合やミッションと人道機関との目に見える連携によって,紛争当事者,現地住民,そして援助供与国が人道コミュニティに抱くイメージに変化が生じうるか?	○
9	ミッションとの場所や資源の共有,武装エスコート等の統合によって,紛争当事者,現地住民,そして援助供与国が人道コミュニティに抱くイメージに変化が生じうるか?	○

(出所) IAP Working Group [2013] pp.34-35より筆者訳。
(注)「評価」は,各項目の視点から,統合が妥当と評価できる場合は「○」,部分的に妥当と評価できる場合は「△」,妥当ではない場合は「×」としている。

テロや襲撃を繰り返すようになっていた。一方,2011年に発生した飢饉では,中南部の人口のおよそ半分に当たる約400万人が緊急支援を必要としていたが,そのうち約180万人がそれにアクセスできない状況にあり,人道支援のニーズは非常に高い状態にあった。しかし,アルシャバーブは国際的な人道支援活動を「米国のスパイ活動」と見なし,支配地域への支援

物資の輸送を封鎖・横流しを行っていた（Menkhaus［2014］pp.112-113）。

　項目2については，統合（特に組織的統合による窓口の一本化）はFGSが国連に求めていたことであった。したがって，統合はFGSとの関係の強化を促進する可能性が高かった。項目4とも関連するが，非国家主体，ことに非政府組織（NGO）との関係については，一部のNGOから統合への懸念が噴出することが予測されていた。実際，2012年11月にソマリアNGOコンソーシアムが当時の国連緊急援助調整官バレリー・エイモス（Valerie Amos）に組織的統合への反対を表明する書簡を提出している[10]。

　項目3と5については，安保理が経済制裁を科したことにより，アルシャバーブは特定の国連人道機関を「国連の政治部門のスパイ」と見なし，攻撃の対象と見なしていた（Jackson［2014］p.3）。つまり国連の人道機関と政治部門を区別する意思がなかった。一方，これまでAMISOMやTFGの軍隊は武装勢力の掃討作戦において多くの一般住民を巻き込んできたため，一部の現地住民の間では，それを支援するUNPOSに対する不信感が高まっていた。したがって，統合が実施されれば，政治部門とより緊密な連携が必要になる人道部門のイメージも悪化する可能性があったと考えられる。

　項目6については，現地武装勢力から「同意」を取り付けて独自に支援活動を展開するのが困難な国連人道機関にとって，AMISOMの軍事的資源の活用は補給路や要員の安全確保に寄与し，結果的に人道アクセスを促進しうる。またAMISOMによる人道支援要員の武装エスコートはこれまでにも行われてきたことであり，統合により現地住民および武装勢力の人道コミュニティに対するイメージがさらに悪化する可能性は低かった[11]。

　項目7については，2008年までにOCHAと機関間常設委員会（IASC）が民軍調整に関する指針を策定していた（UNOCHA/IASC［2008］）。しかし，AMISOMやTFGによる掃討作戦では被害が一般住民にも及んでおり，各指針が求める国際人道法の遵守が維持されていない状況にあった。

　項目8については，多くの現地住民や武装勢力はミッションの組織を熟

知しておらず，DSRSG/RC/HC 等の組織的統合が導入されることによって人道コミュニティへのイメージが変化する可能性は低かった（Labbe [2013] p.558）。一方，米国を中心とした援助供与国は，より円滑に国家建設を推進するために組織的統合の導入を望んでいたため，組織的統合の導入によって人道コミュニティに対するイメージはむしろ改善する可能性が高かったと考えられる。

項目9については，AMISOM による人道支援要員の武装エスコートはこれまでにも行われてきたことであり，組織的統合が行われたからといって，武装勢力や現地住民が人道機関に対して抱くイメージに変化がもたらされる可能性は低かったと考えられる。また，すべての現地住民が国連の政治部門と人道部門を識別できているわけではなかったため，国連人道機関がミッションのコンパウンドを共用したとしても，コンパウンドの共用そのものが現地住民が国連人道機関に対して抱くイメージに変化をもたらすとは考えにくい。

表1に示したように，統合に有利な条件として，高い人道支援のニーズ（項目1），FGS との関係の強化（項目2），AMISOM の資源の活用による人道アクセスの改善（項目6），民軍調整方針の策定（項目7），援助供与国が人道コミュニティに対して抱くイメージの改善（項目8，9）が抽出される。一方，統合に不利な条件として，武装勢力による人道支援の妨害（項目1），NGO との関係の悪化（項目2），武装勢力および現地住民が人道コミュニティに対して抱くイメージの悪化（項目3），NGO に広がる統合に対する懸念の増大（項目4），武装勢力および現地住民のミッション，国連・非国連人道機関を識別する能力・意思の欠如（項目5）が抽出される。これら9項目を総合すると，ソマリア情勢の評価に関わった政治局やOCHA 等の国連事務局各部局は，特に統合に不利な条件を重視し，リスク分析を行っていたことが示唆される。言い換えると，国連事務局内では，統合は利益よりもリスクをもたらすという理解が共有されていたと考えられる。このような分析結果を踏まえ，事務総長報告書は組織的統合をとも

なわない「国連支援ミッション」の設立を勧告したと考えられる。

2　安保理の分裂

　事務総長報告書の勧告と異なり，なぜ安保理は組織的統合をともなう「国連支援ミッション」（すなわち UNSOM）を設立することに合意したのだろうか。決議2093は，安保理理事国が政治的要請と人道上の要請を比較衡量した結果生まれた決議であった。新規ミッションをめぐる審議で争点となったのは，国家建設への関与を望む FGS および統合に懸念を示す人道コミュニティにいかに応えるかであった。理事会会合では，人道コミュニティの懸念を踏まえ，組織的統合を行わない「国連支援ミッション」を勧告する事務総長報告書を支持する意見もあった[12]。一方，当時，FGS は，安定化・経済復興・平和構築・サービスの分配・国際関係・統一で構成される『6つの政策の柱（The Six Pillar Policy）』を策定し，国家建設を推進していた[13]。この包括的な政策を円滑に推進するために，FGS は国連に一貫した関与を要請し，「完全統合型の国連平和構築ミッション」の設立を支持していた[14]。米英仏の3ヵ国もまた FGS と利害が一致していた。なぜならば，ソマリアのように不安定で低開発の国家はテロの温床となり，自国の国益にとって脅威となると想定していたからである（Collinson, Elhawary, Muggah［2010］p.5）。米英仏は，安定化というきわめて政治的な課題を効果的に推進するために，政治・人道・開発各部門が統合された平和構築ミッションを支持し，国連の窓口の一本化を要請する FGS に対し，肯定的な態度をとったのである[15]。

3　小　括

　本考察からは，二つの示唆が得られる。第一に，「人道的配慮」の視点から統合に不利な条件を慎重に評価することにより，統合がもたらす人道上のリスクを減少させることが期待される。安保理は，リスク分析を踏まえ作成された事務総長報告書の勧告に反し，組織的統合をともなう UN-

SOM の設立を決定したが，後述するように，この決定は人道コミュニティからの強い反発を招くことになった。だが，人道コミュニティからの反発は，上記した「人道的配慮」の項目 4 の視点から容易に予測できることであった。このことから，「人道的配慮」には統合がもたらす人道上のリスクを減少させる一定の効果があると考えられる。

だがリスク分析をより実効性のあるものにするためには課題がある。たとえば，「人道的配慮」等のリスク分析は人道部門の要員の間でさえ，十分に普及していないと指摘されている[16]。統合がもたらす人道上のリスクを最小限にするには，そのリスクを正確に分析する能力を有する人材の確保が不可欠である。したがって，今後，OCHA は平和活動局や政治・平和構築局等の治安・政治部門だけでなく，国連人道機関に対しても「人道的配慮」を普及していくことが重要である[17]。また，国連の統合は NGO の活動に影響を与えるものの，IAP は国連内部のプロセスであるため，NGO が直接そのプロセスに関与することができない。したがって，統合評価の段階から，NGO を含めた国連以外の利害関係者の統合に対する懸念が反映されるよう，OCHA の調整役としての役割の強化が求められる[18]。

第二に，リスク分析の制度化の限界である。UNSOM 設立過程において，安保理は事務総長報告書の勧告に反し，決議2093において DSRSG/RC/HC のポストの設置を要請した[19]。決議2093によって激しく動揺したのは非国連人道機関であった。実際，約330の人道・開発 NGO を代表する三つの NGO 連合は同決議への失望を表明した（Labbe［2013］p.557）。非国連人道機関は，同決議により国連の政治部門と国連人道機関の区別が曖昧になり，国連人道機関と協働した場合，人道支援の中立性と公平性が担保できないのではないかと懸念したのである。こうした懸念は国連人道機関でも共有されており，米国のネットワーク NGO の一つであるインターアクションの元副総裁ジョエル・チャーニーによると，エイモスはソマリアに組織的統合が図られた SPM を設立するのは「不適切」であるとし，強い懸念を表していたという[20]。2008年に公表された『統合に関する事務総

長決定』では，統合はすべての人道機関との連携を促進するものでなければならないとされている（UN [2008]）。すなわち，安保理は UNSOM 設立をめぐって同事務総長決定とは逆の効果を持つ意思決定を行ったのである。このように，きわめて政治的な機関である安保理が人道支援に介入することは，ミッション・国連・非国連人道機関間の分断を促進するリスクをはらんでいるのである。これまで，国連事務局は人道支援の政治化を最小限にするために，「人道的配慮」に代表されるリスク分析の制度化を推進してきたが，安保理の意思決定によって，その制度化が台無しになるリスクが残されているのである。

おわりに

本稿は，UNSOM を事例に，国連ミッションの評価・計画立案過程に関与する主体に焦点を当て，統合をめぐるリスク分析の制度化が人道支援の政治化を抑止しうるのか検証した。その結果，政治局や OCHA 等の国連事務局各部局は，統合が利益よりもリスクを人道支援にもたらすと分析した結果，組織的統合に慎重な態度をとる事務総長報告書が作成されたことを確認した。

一方，安保理は，統合が人道支援にもたらすリスクよりも統合がソマリアの安定化にもたらす利益の方を優先し，事務総長報告書では慎重に取り扱われていた組織的統合が決議に盛り込まれたことにより，人道コミュニティに大きな動揺をもたらしたことを指摘した。IASC によると，UNSOM 設立後，人道支援のニーズの高いアルシャバーブ支配地域よりも，新たにアルシャバーブから解放された地域への支援を優先し，その解放地域の住民の支持を獲得することを狙った「人心掌握（Winning hearts and minds）」活動を推進しているとして，現地で活動する一部の NGO は UNSOM の DSRSG/RC/HC に対する不信感を募らせているという。[21] また，UNSOM には FGS の能力強化のマンデートが付託されているため，同じ

国連の傘のもとに活動する国連人道機関だけでなく，それと協働して支援活動を行うNGOも，アルシャバーブと人道的交渉を行うことが困難になっているという[22]。このように，安保理決議と人道上のニーズの乖離は，現地の人道支援に「負」の影響を与える可能性がある。国際の平和と安全の維持が安保理の権能である以上，政治や安全保障の側面からミッションの戦略や組織が検討されても何ら驚くことではない。しかし，現地情勢とニーズを踏まえてミッションの戦略や組織を決定しないと，現地の人道支援活動に大きな影響を与える可能性がある。本事例は，平和活動において政治的要請と人道上の要請との間のバランスをいかに調整していくのかが今後一層大きな課題となることを示唆している。

【付記】本稿は，平成28年度学校法人日本赤十字学園教育・研究及び奨学金基金「国連ミッション計画立案過程における政治メカニズム」の研究成果の一部である。

略語一覧

AMISOM	African Union Mission in Somalia	アフリカ連合ソマリアミッション
DSRSG	Deputy Special Representative of the Secretary-General	国連事務総長特別副代表
FGS	Federal Government of Somalia	ソマリア連邦政府
HC	Humanitarian Coordinator	人道調整官
IAP	Policy on Integrated Assessment and Planning	統合的評価と計画に関する指針
IASC	Inter-Agency Standing Committee	機関間常設委員会
IMPP	Integrated Mission Planning Process	統合ミッション立案過程
NGO	Non-governmental Organization	非政府組織
OCHA	Office for the Coordination of Humanitarian Affairs	国連人道問題調整事務所
PKO	Peacekeeping Operations	平和維持活動
RC	Resident Coordinator	常駐調整官

SPM	Special Political Missions	特別政治ミッション
SRSG	Special Representative of the Secretary-General	国連事務総長特別代表
TFG	Transitional Federal Government	ソマリア暫定連邦政府
TNG	Transitional National Government	ソマリア暫定国民政府
UNPOS	United Nations Political Office for Somaila	国連ソマリア政治事務所
UNSOA	United Nations Support Office for AMISOM	国連アフリカ連合ソマリアミッション支援事務所
UNSOM	United Nations Asistance Mission in Somalia	国連ソマリア支援ミッション

注

1 『平和への課題』は UN［1992］を参照。
「平和の定着」とは，紛争の再発の予防および恒久的平和と持続可能な開発に必要な条件を確立することをいう。以下に詳しい。UN Office of the Special Adviser on Africa （OSAA）［2005］, *Peace Consolidation in Africa*, https://www.un.org/ruleoflaw/files/Peace_Consolidation_Africa_2005.pdf#search = 'peace + consolidation + definition'（accessed on 9 January 2019）

2 政治部門の平和構築活動は，紛争当事者間の和解の仲裁，立法・行政・司法等の国家機構の改革の支援，民主的な選挙・住民投票の支援等，多岐にわたる。詳しくは，篠田［2013］を参照。
組織的統合とは，国連の治安・政治部門と人道部門が事務所や資源等を共有したり，指揮命令系統を統合することをいう。一方，戦略的統合とは，「紛争国への寄与の最大化を図る」という統合の目的を達成するために，国連事務総長特別代表（SRSG）の指揮のもと，現地ミッションと人道・開発援助機関で構成されるカントリーチームとの戦略的パートナーシップを構築することをいう。詳しくは，Metcalfer, Giffen, Elhaway［2011］および UN［2008］を参照。

3 ドニーニは，政治，安全保障，軍事，開発，経済等の目標を達成する手段として人道支援を利用することを人道支援の「道具化」（"*instrumentalization*"）と表現し，そのうち政治的目標を達成する手段として人道支援を利用することを人道支援の「政治化」（"*politicization*"）と

呼んでいる。詳しくは、Donini［2012］p.2を参照。

4　IMPPと同様、IAPも国連各部局、現地ミッションおよびカントリーチーム等の関係機関が現地情勢、優先課題、戦略目標を共有し、国連システム全体の活動の効果を最大化することを目的としている。IAPは、新たに、評価・計画立案過程の最低条件として、①特定国の情勢、平和の定着の上での優先課題、および国連の関与の形態等について共通理解を促進するための組織横断的な「統合評価」、②平和の定着を支援するための「国連システム全体の共通目標、優先課題および各機関の責務」の明示、③組織横断的な分析、計画立案、連携、監視、意思決定を支える「統合的メカニズム」の確立、④「統合戦略枠組」の履行状況の「統合的監視および報告」を提示している。IAPおよび『手引き』の詳細は、それぞれUN［2013a］、IAP Working Group［2013］を参照。

　なお、IAPが事務総長の承認を得たのは、決議2093が採択された後の2013年4月9日、『手引き』が公表されたのは2013年12月であることを留意されたい。

5　戦略評価は、特定国において、情勢の悪化が見られた場合、①現地情勢、②平和の定着に向けた優先課題、③国連の役割やその範囲等を査定し、国連諸機関間の共通理解を促進することを目的に行われる。一方、技術評価は新規ミッションに必要な人員・装備・任務・予算等の活動面（Operational）の評価を行うことを目的に行われる。これらの評価をもとに事務総長報告書が作成される。

6　現在、国連ソマリア支援事務所（United Nations Support Office in Somalia: UNSOS）がUNSOAの事業を承継している。

7　OCHAは、組織的統合の形態として、三つのモデルを提示している。ホスト国の情勢が安定している場合、現地での国連の活動を効率化するために、国連事務総長特別副代表（DSRSG）が常駐調整官（RC）と人道調整官（HC）を兼務するトリプルハットアプローチ（DSRSG/RC/HC）を採用するとともに、OCHA現地事務所もミッション事務所内に統合し、国連ミッションと国連人道機関の連携を強化するが（"Two Feet In"アプローチ）、ホスト国の情勢が緊迫している場合、国連人道機関の活動の中立性・公平性を担保するために、トリプルハットアプローチのみに限定的するか（"One Foot In/One Foot Out"アプローチ）、あるいは双方とも行うべきではないとされている（"Two Feet Out"アプローチ）。

8　S/PV.6921を参照。

9 UNOCHA, "Horn of Africa Crisis," *Situation Report* No. 19, https://reliefweb.int/sites/reliefweb.int/files/resources/ocha%20hoa%20situation%20report%20no.%2019_2011.10.21.pdf.（accessed on 16 January 2019）
10 Somalia NGO Consortium［2012］, *Letter to NGO Position Paper on UN Integration*（accessed on 9 November 2017）.
11 国際移住機関ソマリアミッションナイロビ事務所職員とのインタビュー（2015年9月10日）。
12 Security Council Report［2013］, *March 2013 Monthly Forecast*, p.13, https://www.securitycouncilreport.org/wp-content/uploads/2013_03_forecast.pdf.（accessed on 27 November 2018）
13 The Federal Government of Somalia［2012］, *Foundation of New Beginning: The Six Pillar Policy*, https://www.refworld.org/pdfid/5b43135b4.pdf.（accessed on 27 November 2018）
14 エルミ・アハメッド・ドゥアレ元ソマリア国連大使は，安保理第6959回会合で窓口の一本化を歓迎している（S/PV.6959を参照）。
15 Security Council Report［2013］, *February 2013 Monthly Forecast*, p.14, https://www.securitycouncilreport.org/wp-content/uploads/2013_02_forecast.pdf.（accessed on 27 November 2018）
スーザン・ライス元米国国連大使は，「決議2093は，ノックするドアを1つに集約することを求めてきたハッサン・シェイク・モハムド大統領への回答だ」と述べている。以下を参照。
United States Mission to the United Nations, *Statement on the Adoption of UNSCR 2093 on Somalia*, https://2009-2017-usun.state.gov/remarks/5660.（accessed on 1 November 2017）
16 IASC［2015］, *Review of the Impact of UN Integration on Humanitarian Action*, pp.19-25.
17 2019年1月1日，国連は組織改革の一環として，「政治局」と「平和構築支援事務所」を統合し，新たに「政治・平和構築局」を設立した。また，「平和維持活動局」も「平和活動局」に改称した。
18 国連本部上級人道担当官（OCHA）とのインタビュー（2017年3月22日）。
19 注7の"One Foot In/One Foot Out"アプローチのことである。
20 チャーニーは，このエイモスの発言は公文書として残っていないが，IASCの会議でなされたものであると述べている（メールによる回答：

2017年10月7日)。

Labbe, J. [2013], *In Somalia, Humanitarian NGOs against Integration with United Nations: Interview with Joel Charny*, https://theglobalobservatory.org/2013/04/in-somalia-humanitarian-ngos-resist-integration-with-un-interview-with-joel-charny. (accessed on 12 June 2017)

21 IASC [2015], op. cit., pp.28-29.
22 Ibid, p.50.

参考文献

Boutellis, A. [2013], *Driving the System Apart?: A Study of United Nations Integration and Integrated Strategic Planning*, International Peace Institute.

Collinson, S., Elhawary, S., Muggah, R. [2010], *Stages of Fragility: Stabilisation and its Implications for Humanitarian Action*, HPG Working Paper.

Donini, A. [2012], *The Golden Fleece: Manipulation and Independence in Humanitarian Action*, Boulder, Kumarian Press.

IAP Working Group [2013], *Integrated Assessment and Planning Handbook*.

Jackson, A. [2014], *Negotiating Perceptions: Al-Shabaab and Taliban Views of Aid Agencies*, HPG Policy Brief, No.61.

Labbe, J. [2013], "Peace Operations by Proxy: Implications for Humanitarian Action of UN Peacekeeping Partnerships with Non-UN Security Forces," *International Review of the Red Cross*, Vol.95, No.891/892, pp. 539-559.

Menkhaus, K. [2014], Leap of Faith: Negotiating Humanitarian Access in Somalia's 2011 Famine, in *The Routledge Companion to Humanitarian Action*, eds. Ginty, R, New York, Routledge.

Metcalfer, V., Giffen A., Elhawary, S. [2011], *UN Integration and Humanitarian Space: An Independent Study Commissioned by the UN Integration Steering Group*, Stimson Center and Humanitarian Policy Group. accessed on 11 June, 2017.

UN [2013a], *Policy on Integrated Assessment and Planning* (*IAP*).

UN [2013b], S/2013/69.

UN [2013c], S/RES/2093.

UN [2013d], S/RES/2102.

UN [2012a], S/RES/2036.
UN [2012b], S/RES/2067.
UN [2010a], *IMPP Guidelines: Role of the Headquarters‐Integrated Planning for UN Field Presences.*
UN [2010b], *IMPP Guidelines: Role of the Field‐Integrated Planning for UN Field Presences.*
UN [2008], *Decisions of the Secretary-General‐25 June meeting of the Policy Committee Decision No. 24/2008.*
UN [2007], S/RES/1744.
UN [2006], *Integrated Missions Planning Process*（IMPP）．
UN [1992], A/47/277.
United Nations Office for Coordination of Humanitarian Affairs（UN-OCHA）[2011], *Policy Instruction: The Relationship Between Humanitarian Coordinators and Heads of OCHA Field Offices.*
UNOCHA/IASC（Inter-Agency Standing Committee）[2008], *Civil-Military Guidelines & Reference for Complex Emergencies.*
United Nations Support Office for AMISOM（UNSOA）[2015], *UNSOA Booklet.*
遠藤貢［2015］，『崩壊国家と国際安全保障——ソマリアにみる新たな国家像の誕生』有斐閣．
上野友也［2012］，「国連統合アプローチと人道的利益——統合がもたらす分断の危機」『法学』76巻6号，24-50頁．
篠田英朗［2013］，『平和構築入門——その思想と方法を問いなおす』筑摩書房．

［日本赤十字秋田看護大学＝国際関係学］

6 トルコへの原発輸出に対する反対派の反応

反原発運動参加者への聞き取り調査から

森山拓也

はじめに

　本稿の目的は，トルコの反原発運動への参加者の動機や主張を，世論調査の分析や運動参加者への聞き取り調査によって明らかにすることである。先進諸国では原発の建設が頭打ちとなり，緩やかに脱原発が進む一方，経済成長や人口増加に伴って電力需要が伸びているアジアや中東などの新興国では原発の新設や増設が計画されている。新興国として位置づけられるトルコも，さらなる成長を支える電源として，地中海沿岸のアックユ，黒海沿岸のシノップ，ブルガリア国境のイイネアダの3ヵ所で原発の建設を計画している。トルコは建国100周年を迎える2023年までに世界第10位の経済大国となることを目指しており，原発はそれを支える電源として期待されている。だがトルコでも原発の安全性や環境への影響，原発導入をめぐる民主的決定プロセス等の点で問題が指摘されており，1970年代から反原発運動が続いている。

　シノップ原発では，三菱重工とフランスのアレバ社（現フラマトム社）が共同開発した新型原子炉「アトメア1」が4基建設される予定である。[1]
2013年5月，安倍晋三首相がトルコを訪問してレジェップ・タイイップ・エルドアン（Recep Tayyip Erdoğan）首相（現大統領）と会談し，日本トルコ原子力協定に署名したことで，三菱重工業と伊藤忠商事，フランスの

GDF スエズ社（現エンジー社）とアレバ社による日仏企業連合がシノップ原発事業の受注内定を獲得した。日本政府は福島第一原子力発電所事故のあとも，経済成長戦略として原発輸出を目指してきた。2012年に日本政府が策定した「革新的エネルギー・環境戦略」は，国内では「原発に依存しない社会の一日も早い実現」を目指すとする一方で，原発輸出については「諸外国が我が国の原子力技術を活用したいと希望する場合には，相手国の事情や意向を踏まえつつ，世界最高水準の安全性を有する技術を提供していく」とした。また2014年の「エネルギー基本計画」も，「東京電力福島第一原子力発電所の事故の経験から得られた教訓を国際社会と共有することで，世界の原子力安全の向上や原子力の平和利用に貢献していくとともに，核不拡散および核セキュリティ分野において積極的な貢献を行うことは我が国の責務であり，世界からの期待でもある」としている。以上からは，相手国が「求めている」原発を輸出することは，日本が果たすべき「貢献」や「責務」であり，「世界からの期待」でもあるとする日本政府の立場が読み取れる。

　だが，トルコをはじめとする新興国・途上国の政府に原発を求める動きがある一方，福島原発事故を機に世界各地で原発への反対世論が再燃し，市民による反原発運動も行われている。反原発運動も含む環境運動には，社会問題として環境問題を開示し，問題の所在を社会的に可視化する機能がある（長谷川［2001］102頁）。現地に生きる人々や市民社会は，事業者や専門家が気づきにくい問題を察知し，それを可視化させることがある。本稿はトルコの反原発運動がどのような不満にもとづき，何を主張する運動なのかを明らかにすることで，運動が可視化させようとする，原発輸出に関して考慮されるべき問題点を示す試みでもある。

　本稿の構成は以下のとおりである。原発建設計画に対するトルコ市民の反応を知る手掛かりとして，第1節では過去に実施された世論調査の結果を分析する。第2節では，トルコの反原発運動参加者に対する聞き取り調査を行い，原発に反対する理由や，運動に参加した理由を明らかにする。

第3節では，第2節で明らかになった反原発運動の主張のうち，民主主義の観点から指摘されている，原発建設プロセスの問題点に焦点を当てる。

1　原発建設に対するトルコの世論

1　ボアジチ大学の研究者による調査（2007年7～8月実施）

　原発に関するトルコの世論や，人々が原発に反対する理由を知る手掛かりとして，本節では過去に実施された世論調査の結果を分析する。まず，ボアジチ大学の研究者であるプナール・エルトル＝アクヤズ（Pınar Ertör-Akyazı）らが2007年に実施した，望ましいエネルギー源についてのインタビュー調査から，原子力利用に対するトルコの世論を知ることができる。この調査は質問票を使った対面インタビュー方式で，トルコの都市部2,422世帯を対象に2007年7月から8月の時期に実施された。原子力，再エネ（風力・太陽光），石炭，天然ガス，大規模水力の選択肢から，トルコが投資すべきではないエネルギー源を選ぶ質問に対し，回答者の62.5%が原子力を選択した。逆にトルコが投資すべきエネルギー源を上記の選択肢から二つ選ぶ質問では，原子力を選んだ回答は7.2%であった（Ertör-Akyazı et al［2012］）。

　また，原子力に投資すべきではない理由として多かった回答は，「健康への悪影響」や「事故のリスク」であった。この調査が実施された2007年の世論は，2011年の福島原発事故による影響をまだ受けていない。それでもトルコは原子力に投資すべきではないとした回答が多かった要因として，エルトル＝アクヤズらはチェルノブイリ原発事故がトルコに及ぼした健康被害や食品汚染を指摘している（Ertör-Akyazı et al［2012］p.314）。

2　グリーンピース地中海による調査（2011年3～4月実施）

　次に，国際環境団体グリーンピースのトルコ支部であるグリーンピース地中海が，2011年3月から4月に実施した世論調査を取り上げる。この調

査は，グリーンピース地中海が調査会社のA&G社に依頼したもので，トルコ国内34県の137地区で，18歳以上の有権者2,469名を対象に，自宅での対面インタビュー方式で行われた。調査結果は2011年4月29日にグリーンピース地中海のウェブサイトで発表された。

まず原発建設に対する賛否については，トルコ全体で回答者の64％が原発に反対という結果だった。アックユ原発から近いメルスィンでは反対が69.6％，シノップでは反対が76.5％であった。原発建設に反対と答えた回答者にその理由を自由回答してもらうと，「人間の健康への悪影響」「自然環境への悪影響」「放射線の危険性」に分類される回答が多かった。また回答者の86.4％が，原発の近くでは暮らしたくないと答えた（Greenpeace Akdeniz［2011 April 29］）。

支持政党ごとに原発建設への賛否を尋ねた質問では，与党の公正発展党支持者の賛成比率が58.5％で，反対の41.5％を上回ったが，他の政党支持者では反対が賛成を大きく上回った。回答者の年代別，学歴別に賛否を見た結果では，常に反対が多数となった（Greenpeace Akdeniz［2011 April 29］）。

3　Ipsos社による調査（2011年5月実施）

2011年5月には国際調査会社のIpsos社がトルコを含む24ヵ国を対象に原発についての世論調査を実施している。この調査はオンラインでの記入方式で実施され，トルコでは16歳から64歳までの約500名がサンプルとなった。

原発への賛否を問う質問に対し，トルコでは11％が強く支持，18％がやや支持，15％がやや反対，56％が強く反対と答えた。やや反対と強く反対を合わせると，71％が原発に反対している（図表1）。なお，同じ質問に対し日本では強く支持5％，やや支持36％，やや反対30％，強く反対28％であった。やや反対と強く反対の合計は58％と過半数であったが，調査対象24ヵ国中，原発反対の比率が多かった順番で日本は16位であった。トル

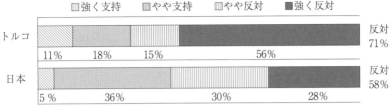

(出所) Ipsos［2011］より筆者作成。

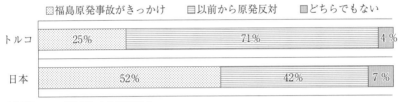

(出所) Ipsos［2011］より筆者作成。

コはメキシコ（計81％），イタリア（計81％），ドイツ（計79％），アルゼンチン（計72％）に次いで第5位であった。福島原発事故を経験した直後の日本よりも，トルコの方が原発に反対の回答率が高かった。原発の建設を続けるべきかどうかを問う質問では，トルコの回答者の20％が続けるべき，80％が止めるべきと答えた（Ipsos［2011］）。

原発に反対と答えた回答者に対し，いつから原発に反対するようになったかを尋ねた質問では，福島原発事故がきっかけだとする回答は日本で52％，日本から近い韓国で66％，中国で52％など，東アジアで多数となった。一方でトルコでは，福島原発事故がきっかけと答えたのは25％であり，71％が以前から原発に反対していた（図表2）。

エルトル＝アクヤズらによる調査でも明らかになったように，トルコでは福島原発事故の以前から原発に反対する世論が強い。エルトル＝アクヤズらも指摘しているように，これはトルコがチェルノブイリ原発事故による被害を経験したことが関係していると考えられる。チェルノブイリ原発

事故ではトルコでも茶葉やヘーゼルナッツをはじめとする食品が深刻な汚染被害を受けた。Ipsos社による調査では，原発事故後の日本産食品の消費を控えるかどうかを問う質問に対し，トルコでは69%が少なくとも一品目の消費を控えると答えている。これは日本から近い韓国（89%），中国（87%）についで3番目に高い比率である（Ipsos [2011]）。食品の放射能汚染に対する懸念がトルコでは非常に高いことも，チェルノブイリ原発事故の経験が関係していると考えられる。

4　KONDA社による調査（2012年3月実施）

最後に，トルコの調査会社KONDA社が2012年3月に実施した環境意識に関する世論調査を紹介する。この調査はトルコの31県の中の150地区において，18歳以上の2,536名を対象に対面インタビュー形式で実施された。①「エネルギー需要を賄うために必要であれば，原発建設の必要がある」，②「リスクがあることは明らかであり，原発は決して建てるべきでない」の二つの選択肢のうち，自身の考えに近い方を選択する形式で質問が行われ，①の原発賛成が36.6%，②の反対が63.4%であった。この調査はさらに，原発建設へ反対と回答した比率を，年齢や支持政党，職業，民族，信仰などで分類したグループ別にも調査している。その結果，全てのグループで原発建設への反対が過半数となり，原発を推進する公正発展党の支持者でも55%が反対と回答した（KONDA [2012]）。

以上で紹介したどの世論調査でも，トルコ全体の世論では原発反対が過半数となった。さらにKONDA社による調査からは，年齢や職業，居住地域，支持政党，民族，信仰などによって分類されたどのグループでも原発への反対が多数であることが示された。グリーンピース地中海とIpsos社の調査では反対意見の中で健康への悪影響や食品の汚染への懸念が強いことがわかり，エルトル＝アクヤズが指摘するように，チェルノブイリ原発事故による経験が世論に影響している可能性が示された。

2　なぜ原発に反対するのか：聞き取り調査から

　前節で示された原発への反対世論を背景に，トルコでは原発への反対運動が続いている。トルコの反原発運動は1976年，当時原発建設地に選ばれたアックユ周辺の漁師たちを中心に始まり，次第にトルコ技術者建築家会議所連合などの専門家集団や労働組合の支援を受けるようになった。反原発運動は1980年代前半の軍事政権期に中断したが，1986年のチェルノブイリ原発事故を経て1990年代に勢いを増した。1980年代末から1990年代にかけてトルコでは，開発に反対し環境保護を求める運動が増加し，同時期にトルコで活動を開始したグリーンピース地中海などの環境団体や緑の党がそれをあと押しした。反原発運動にも数多くの環境団体や専門家が参加するようになり，1993年には原発に反対する団体や個人のネットワークである反核プラットフォーム（Nükleer Karşıtı Platform: NKP）が結成された。NKPはデモや集会などの直接行動，署名活動，啓発活動などを呼びかけ，2000年に当時の政権が原発建設を断念するまで反対運動の中心となった。公正発展党政権のもとで原発建設計画が再浮上するとNKPは再結成され，現在も反対運動の代表的存在となっている。

　筆者はトルコでNKPや環境団体が主催するイベントへの参加者に対して，聞き取り調査を実施した。以下では調査の結果から見えてきた，運動参加者たちが原発に反対する理由を紹介する。

1　チェルノブイリ原発事故とトルコ

　前節では世論調査の結果から，トルコの反原発世論にはチェルノブイリ原発事故の経験が関係している可能性が示された。トルコで実施した聞き取り調査でも，反原発運動参加者の多くが，原発に反対するようになったきっかけとしてチェルノブイリ原発事故や，この事故がトルコへ与えた影響に言及した。以下に紹介するA氏は，シノップで環境団体「シノップ

環境の友」を設立し，シノップで最初に反原発運動を開始した人物の一人である。

　A氏：他の街で大学を終え，1986年に短期間シノップへ帰省しました。6月頃だったと思います。村で親戚たちが育てている農産物がすべて，まるで熱湯をかけられ茹でられたような，しわを寄せた状態で枯れていました。何が起きているのかわかりませんでした。この頃，テレビ番組で中東工科大学の2人の学者が，チェルノブイリで原発事故が起きたこと，放射性物質を含む雲がトラキア地方や黒海地方を汚染したことを話していました。（中略）汚染は存在しないとされ，紅茶の汚染を否定するために通産大臣は紅茶を飲むパフォーマンスをしました。放射能汚染はない，飲むことができると言いました。しかし，輸出した紅茶やナッツ類，特にリゼやトラブゾンなど東黒海地方の農産物は，放射能汚染が検出されたためトルコに送り返されました。この議論を聞いて，私の村で農産物に何が起きたのかを理解しました。放射性物質を含む雲がシノップにも到達し，私の村の農産物を枯らしたのです。このことを理解してから，原発に反対するようになりました。もともと原発に関する知識があったわけではありません。（2016年3月7日，シノップでの聞き取り）

　1986年4月26日に発生したチェルノブイリ原発事故のあと，トルコではトラキア地方と東黒海地方に放射性物質を含んだ雲が到達し，降雨を通じて土地や農作物が汚染された。中東工科大学の研究者らによると，1986年にトルコで収穫された茶葉から最大で1キログラムあたり8万9,000ベクレルもの放射能が計測された（Gökmen and Gökmen［2002］pp.76-80）。トルコからヨーロッパに輸出された農作物からも放射能が検出され，廃棄されたりトルコへ送り返されたりした。チェルノブイリ原発事故後のヨーロッパを取材した広河隆一に対し，西ドイツの民間放射能検査所の所長は，トルコ産ヘーゼルナッツの汚染がひどいことや，トルコ産の紅茶から1キログラムあたり5万ベクレルの汚染が検出されたことを説明している（広

河［1991］7-10頁）。

　しかしトルコ政府はパニックを防ぐためとして国民に情報を提供せず，汚染された乳製品や農産物はそのまま市場に流通し消費された。トルコ原子力庁は一部の学者らが行った計測は間違いであり，国民のパニックを招くとして批判した。さらにトルコ政府はトルコ放射線安全委員会を設立し，委員会の許可なく放射能計測結果を公表することを禁止した。汚染された牛乳はヨウ素131の減少を待つためチーズに加工して販売され，汚染された茶葉は前年までに収穫された汚染されていない茶葉とブレンドして販売された（Gökmen and Gökmen［2002］pp.76-78）。汚染のため輸出できなかったヘーゼルナッツは，トルコの学校で子どもたちに配られたという（Bianet［2016 April 26］）。

　以上のようなトルコ政府の対応は，被曝による被害と，政府への不信感を拡大させた。特にチェルノブイリから距離が近い黒海地方では，「原発事故の影響でガンが増加している」という不安が広がっている。朝日新聞による取材では，ガン患者の増加についてトラブゾンやリゼの住民が「チェルノブイリの影響としか考えられない」「リゼではどの家にもがん患者がいる」と語っている（平田［2011年7月3日］）。筆者がシノップで行った調査でも，調査対象者たちはガンの増加とチェルノブイリ原発事故の関係を疑っていた。

　B氏[4]：事故から数年の間に，黒海地方ではガン患者が増加しました。今日，亡くなる人の3人に1人はガンが原因です。トルコの他の地域ではこれほどではありません。（2016年3月6日，シノップでの聞き取り）

　C氏[5]：チェルノブイリで事故があってから，トルコの黒海地方では大きな影響があり，多くの人がガンにかかりました。多くの人々が家族を失い，ナッツや紅茶などの農作物が放射能で汚染されました。（2016年4月26日，イスタンブールでの聞き取り）

　D氏[6]：チェルノブイリ原発事故の影響はまだ続いています。人々は病

気にかかり，困難を経験しています。私たちが非常に愛する芸術家のキャーズム・コユンジュ[7]を失いました。出会ったことのない大勢の人々も失いました。(2016年4月26日，イスタンブールでの聞き取り)

E氏[8]：祖父は2人ともガンで亡くなった。喫煙も飲酒もしないのに。出身地リゼの友人にもガンが多い。キャーズム・コユンジュもガンで亡くなった。(2018年4月29日，イスタンブールでの聞き取り)

A氏：昨日，モスクで5人の葬儀がありました。5人ともガンで亡くなっています。毎日このようなことが起きます。すべての家庭から1人はガンで亡くなります。とても深刻なことです。(中略)妊婦が影響を受け，障がい児の出産や流産が起きました。現在も，人々はガンで亡くなっていきます。電力のために，これほどのリスクや未解決の問題を受け入れるのでしょうか。解決できない問題があり，影響を受ける自然や人間の数を考えると非常に危険であり，原発は必要ありません。私の親族からも，6人をガンで失いました。わたし個人の問題としても，原発と闘わなくてはなりません。最近も50日前に，親しい人をガンで失いました。これほどガンが多いのは普通ではありません。親しい人をこれ以上，ガンで失いたくありません。(2016年3月7日，シノップでの聞き取り)

　A氏は2016年3月の聞き取り後も，新たに2人の親族をガンで失っている[9]。A氏はガンとチェルノブイリ原発事故には強い関連があると考えており，親族を失った経験が原発に対する強い怒りにつながっている。

　チェルノブイリ原発事故の影響が疑われる健康被害はトルコで数多く報告されている。チェルノブイリ原発事故のトルコへの影響について調査したトルコ医師連合が2006年4月に行った記者会見では，黒海地方で腕や足，頭部が無い子どもの出産が増加したことが報告された（Aksu and Korkut [2017]）。筆者が2015年4月にサムスンで出席したシンポジウムでも，ウルダー大学医学部教員のカイハン・パラ（Kayhan Pala）が黒海地方でのガンの増加について報告した[10]。

チェルノブイリ原発事故のトルコへの影響についてトルコ政府は調査を行っておらず，健康問題とチェルノブイリ原発事故の関連性を科学的に証明することは難しい。だが黒海地方を中心に出産異常やガンの増加が報告されており，多くの人がこれをチェルノブイリ原発事故の影響であると疑っている。そして健康被害そのものだけでなく，被害を拡大させる原因となった政府の不誠実な対応も人々の記憶に残っている[11]。さらに，トルコではチェルノブイリ原発事故による汚染被害のほかにも，不法投棄された放射性廃棄物によってイスタンブールとイズミルで起きた被曝事故や，マニサのウラン鉱山汚染事故など，複数の重大な放射能汚染事故が発生している（ノーニュークス・アジアフォーラム［2015］60-61頁）。これらは政府の不適切な対応が引き起こした事故であり，原子力政策への人々の不信感を高めることになった。

2　福島原発事故と日本による原発輸出への反応

　2011年に発生した福島原発事故は，多くの国が脱原発に向け政策を転換するきっかけとなったが，トルコ政府は原発導入を目指す姿勢を変えなかった。事故当時，シノップ原発事業の独占交渉権は日本に与えられており，東芝と東京電力の事業参加が有力視されていた。福島原発事故をきっかけに東芝と東京電力は事業参加を断念したが，トルコ側はシノップ原発事業の継続のため韓国やカナダとの交渉に切り替え，日本とも水面下の交渉を続けた。アックユ原発についても，福島原発事故の直後にエルドアン首相がロシアを訪問し，建設を予定どおり進めることを話し合っている。訪露前にエルドアン首相は「リスクのない投資は存在しない」とし，原発事故のリスクは台所のガス事故のリスクと同じだとする発言をしている（*Hürriyet*［2011 March 16］）。

　一方，反原発運動参加者への聞き取り調査では，多くの人がチェルノブイリに次いで福島原発事故に言及し，原発の危険性を訴えた。以下は，2016年4月にシノップで開催された反原発集会で，デモ行進参加者に参加

の理由を尋ねた際の答えである。

> F氏[12]：私たち若手エンジニアは，原発を望みません。福島やチェルノブイリの事故は，死者や障がいを持つ人々を生みました。私たちはそうした経験をしたくありません。外国資本による原発建設など，全く望んでいません。だからここへ来ました。原発がどれほど危険で致命的か，日本人はよりよく知っているはずです。私たちは事故でトルコを2ヵ所目のチェルノブイリや，2ヵ所目の福島にしたくありません。そんなことは絶対に許しません。（2016年4月24日，シノップでの聞き取り）

またA氏は，福島原発事故が収束していないにも関わらず国内での原発再稼働やトルコへの原発輸出を進める日本を非難した。

> A氏：何トンもの放射能汚染水が海に流れるのを防げていないのに，一体どうして私たちに原発を売ることができるのでしょうか。まずは自分のゴミを片づけなさい。自国民を守ってください。原発の新設はせず，古いものは閉鎖してください。（中略）日本と日本人を心配しています。しかし，日本企業が原発のためにシノップへ来ることは非難します。（中略）日本は福島で，トルコはチェルノブイリで苦しみを経験しました。新しい苦しみは欲しくありません。苦しませないでください。トルコとは他の分野で協力してください。風力や太陽光といったクリーンエネルギーのために働いてください。私たちにはほかに協力できる分野があります。日本の技術を必要とする分野はたくさんあります。しかし，原発はお断りです。非常に恥ずべきことです。
> （2016年3月7日，シノップでの聞き取り）

福島原発事故を通じて原発の危険性を知ったはずの日本が，事故が収拾していないにも関わらずトルコに原発を輸出しようとしていることには疑問の目が向けられている。また，第二次世界大戦で広島と長崎に原子爆弾が投下され多くの命が失われたことは，トルコでも広く知られている。原発事故と核兵器による被害を通じて核の恐ろしさを経験したはずの日本の

姿勢に，反原発運動参加者たちは納得できないようである。

　G氏：第二次世界大戦で広島と長崎で使用された原爆が人間に与えた影響を忘れてはいないはずです。（中略）私たちは原発が危険であることを日本の教訓から学びました。したがって，自国民が反対すること（原発再稼働や原発輸出）に対して，日本政府が許可を与えないことを願います。原発の入札に関する事業を止めることを要求します。
（2016年9月18日，シノップでの聞き取り）

　D氏：日本は核による苦しみを経験した国です。核による苦しみについて，私たちは理解し，手を取り合う必要があります。核の被害を経験した日本から，原発をもらいたくありません。不安と怒りを感じます。（2016年4月26日，イスタンブールでの聞き取り）

　以上のように，日本による原発輸出には厳しい目が向けられている。2013年に日仏企業連合によるシノップ原発事業の受注が内定すると，シノップの市民団体は日本の国会議員宛てに原発輸出の中止を求める要請書と署名を送った。2014年にもNKPが，日本・トルコ原子力協定を承認しないよう求める要請書を日本の国会議員へ届けている。イスタンブールの日本総領事館前でも，原発輸出や原子力協定に反対するアピール行動が複数回行われた。

3　原発に反対するその他の理由

　反原発運動参加者たちが原発に反対する理由として，筆者による運動参加者への聞き取り調査や，集会やシンポジウムの観察では，チェルノブイリ原発事故での被害経験や，福島原発事故を経験した日本による原発輸出への疑問の他に，以下のような点が示された。

- 事故のリスクがあり，人体や自然環境，観光業や農業などが悪影響を受ける。特に，トルコは地震国であり，地震による事故リスクが大きい。
- 原発はコストが高く，経済的なメリットがない。

- トルコには太陽光や風力など再生可能エネルギーの高い利用ポテンシャルがある。
- 先進国が原発から撤退するなか，新たに原発を導入することは合理的でない。
- アックユやシノップの原発は外国企業が建設・所有・運転するため，エネルギーの外国依存を高める。
- 原発導入のプロセスが不透明で，民意を尊重しない政府が非民主的な意思決定を行っている。
- 放射性廃棄物の処理など未解決の課題があり，将来世代へ負担を押し付ける。
- 原発の利用は核兵器の拡散につながる。

また，NKPが2014年4月に日本の国会議員宛てに送った要望書では，①国民や議会の声が無視され，一方的に原発が推進されていること，②トルコは地震国であり，高い安全性確保が求められるが，必要な財源，法制度，人材，技術が十分でないこと，③核拡散の懸念があることが述べられている（ノーニュークス・アジアフォーラム［2014］）。

以上で挙げられた原発への反対理由の多くは，どの国や地域でも共通する問題である。その中でトルコ固有の問題がより含まれると考えられる，原発建設における民主的プロセスに関する問題について，次節で述べる。

3 トルコの環境運動と民主化要求

1 開発をめぐる紛争の増加と民主化の後退

近年のトルコでは開発事業をめぐり，政府や開発業者と，開発に反対する住民や環境団体などの市民社会との間の対立が増加している。2002年から続く公正発展党政権は，1980年代にトルコに導入された新自由主義政策を強化するとともに，住宅開発を中心とする都市再開発，発電所の建設などエネルギー部門への投資，第三ボスポラス大橋やイスタンブール第三空

港などの大規模インフラ開発や公共事業に注力してきた。建設業や金融に牽引された経済成長は，公正発展党政権への支持の源泉となってきた。

一方で，建設業者など支持層の利益を優先した開発事業は，森林伐採，ダム建設，鉱山開発などにおいて様々な環境問題を引き起こしている。環境規制は投資への障害と見なされ，自然保護区の開発許可や環境影響評価プロセスの短縮化など，規制緩和が次々と実施された（Duru［2013］）。

環境や社会への影響を顧みない開発に対し，地域住民や環境団体による反対運動がトルコ各地で増加している。2013年には，イスタンブールのゲズィ公園の再開発に反対する運動が大規模な反政権運動に発展し，開発をめぐる国と市民社会の関係についての問題が改めて注目された。開発に対する数々の抗議運動を通じて，開発が自然環境や人間の健康に与える影響だけでなく，一部の企業の利益が優先され，意思決定への市民参加が阻まれているという政治的構造が問題としてより意識されるようになった。

だがトルコ政府は，市場の要求や支持層からの経済成長への期待に応えることを優先し，開発反対運動に対しては無視や抑圧といった姿勢を見せてきた。トルコ政府は近年，権威主義的な姿勢をさらに強め，開発事業も強権的に推し進めるようになっている。2016年7月に発生した軍の一部によるクーデター未遂事件とその後の展開は，環境運動をめぐる状況をさらに困難なものにした。政府は「テロ組織関係者を排除するため」として非常事態を宣言し，クーデター未遂事件の首謀者と断定した人物の支持者や関連組織だけでなく，政府に批判的な報道機関や教育関係者などに対する取り締まりも強化した。[17] 非常事態宣言によって強い権限を手にした政府は，各地の開発事業でも反対派によるデモの禁止や，開発事業の中止を求めた裁判所の決定の無視など，強権的な姿勢を強めている。さらに，2017年4月に実施された国民投票では，大統領に権力を集中させる憲法改正が決まった。2018年6月の大統領選挙で勝利し，トルコ初の実権型大統領に就任したエルドアン大統領は，原発建設をはじめ開発事業をこれまで以上に強く推し進めていくと考えられる。[18]

6　トルコへの原発輸出に対する反対派の反応

2 原発事業における民主的プロセス

　原発事業についても，市民の参加や透明性など，建設に向けた民主的プロセスが問題とされている。アックユ原発をめぐっては，環境影響評価の認定プロセスが問題とされた。事業を担うロスアトム社は2014年に環境影響評価レポートをトルコの環境都市整備省に提出し，パブリック・オピニオンの募集期間が設けられた。しかし市民からの数千の請願に対し，環境都市整備省は一切返答をしなかった（*Bianet*［2014 November 11］）。環境影響評価レポートは2014年12月1日，ウラジミール・プーチン大統領のアンカラ訪問の直前に承認された（*Sözcü* 2014［December 1］）。

　これに対し，原発に反対する環境団体や弁護士会などの市民社会組織は，環境影響評価の不備や，評価プロセスで透明性と参加が確保されていないことなどを指摘し，環境影響評価の取り下げを求める裁判を開始した。この裁判プロセスの中では，環境影響評価レポートの署名が偽造されていたことや（Bal［2015］p.18），IAEAがアックユ原発事業の安全性を調査し，トルコ政府に課題を伝えた「総合原子力インフラレビュー」の内容が非公開とされていることが明らかとなり，問題となった（*Hürriyet Daily News*［2015 May 7］）。

　2018年3月，行政最高裁は環境影響評価レポートの内容に不備があることは認めたが，レポートの有効性を損なうほどの不備ではなく，事業の実施を妨げるものではないとして，環境影響評価の取り下げを求める訴えを棄却した（*Diken*［2018 March 7］）。裁判プロセスの間，トルコでは非常事態宣言のもとで政権による司法への圧力が強まっていた。2017年11月に行われた審理の前日にはエルドアン大統領が，「反対する者がいてもいなくても，トルコは原発を導入する」と宣言した。審理に出席した野党国会議員は，これを大統領による司法への圧力だと批判した（*Bianet*［2017 November 22］; *Diken*［2017 November 22］）。

　シノップでは2018年2月に開催された環境影響評価の公聴会で，シノップ市民やジャーナリストの参加が警察によって阻止された。参加できたの

は，早朝からバスで送りこまれた政権支持者のみであり，会場の外では抗議する市民と警察の間で衝突が起きた（*Cumhuriyet*［2018 February 6］）。

　非常事態宣言のもと，開発に反対するデモや集会の禁止も相次いでいる。2018年4月にはアックユ原発起工式に反対するデモが禁止され（*Evrensel*［2018 April 3］），毎年続けられてきたシノップ反原発集会も初めて開催を禁じられた（*Birgün*［2018 April 19］）。

　筆者が観察した反原発運動のスピーチや講演では，新自由主義政策のもとで政府が一部の資本家の利益だけを代表して物事を決めることが批判されていた。また，政府が民意に反して開発を推し進めるという同じ構図の問題を抱えるトルコ各地の開発反対運動に対しても，連帯のメッセージが表明された。[19] トルコの反原発運動は，原発の安全確保といった技術的問題，経済的なコストの問題，人間の健康や自然環境への悪影響といった問題だけでなく，開発に関わる事業者の利益を優先して市民の声が排除されていることも問題視しており，開発をめぐる意思決定の民主化を求めている。

おわりに

　本稿では世論調査の分析と聞き取り調査から，トルコにおける反原発運動の主張や，運動参加者が原発に反対する理由を明らかにした。過去に実施された複数の世論調査は，トルコでは原発に反対する意見が多数であることを示している。トルコの反原発世論の大きさについて先行研究はチェルノブイリ原発事故の影響を指摘していたが，それは本研究で実施した運動参加者への聞き取り調査でも裏づけられた。聞き取り調査に協力した運動参加者の多くは，原発に注目したきっかけや，反対するようになったきっかけとして，チェルノブイリ原発事故がトルコにも被害をもたらしたことを挙げた。特に，黒海地方ではガンの増加が報告されており，これをチェルノブイリ原発事故の影響だと考えるものが多い。人々は当時のトルコ政府の不適切な対応が放射能汚染による被害を拡大させたと考えている。

こうした経験に基づく強い反原発世論が，トルコの反原発運動の原動力となっている。さらに，福島原発事故を経験した日本がシノップ原発事業を担うことに対して，疑問や批判が向けられていることも示された。

本稿はトルコの反原発運動が，原発建設における民主的プロセスの欠如を問題視していることにも注目した。開発を優先する政府のもとで，環境や地元社会への影響を顧みない開発事業が強権的に進められるようになり，それに反対する市民社会との対立が深まっている。2016年に発令された非常事態宣言や，大統領に権限を集中させる憲法改正は，開発をめぐる民主的状況を悪化させた。原発建設に関しても，環境影響評価プロセスでの不正や市民参加の排除，原発に反対するデモや集会の禁止などが相次いでいる。こうした状況に対し，トルコの反原発運動は原発建設の中止だけでなく，開発をめぐる意思決定の民主化を求めている。

本稿で明らかにした原発に対するトルコの世論や反対運動参加者の主張を考慮すると，原発の建設は，チェルノブイリ原発事故によって既に原発事故被害を経験した人々へ，新たな事故に対する多大な不安を与えることが予想できる。また福島原発事故や広島・長崎への原爆投下を通じて核の被害を良く知っているはずの日本が原発を輸出することに対して疑問や怒りが向けられており，輸出した原発で事故が生じれば，市民の対日感情にも大きな悪影響を及ぼすことになる。さらにトルコの反原発運動は，開発事業に関する意思決定から市民が排除されている問題を指摘しており，相手国政府や関連企業との間でのみ原発建設に向けた交渉を進めることは，トルコの民主的状況にも悪影響を与える。原発のような大規模開発事業においては，経済・環境・社会への影響について明らかにし，影響を受ける地域住民との対話を通して理解を得る必要がある（IAIA [2015]）。原発輸出の是非は，本稿が示したような反対派の反応にも関心を払い，事業が現地社会に与える影響を十分に考慮して判断されるべきだ。

トルコの反原発運動の特徴や課題を明らかにする上では，本稿は運動の基となる人々の不満を解明することにとどまった。原発建設計画に対する

人々の不満がどのように反原発運動へと動員されているのかという点や，運動がどのような戦略を採っているのかという点については，稿を改めてさらに論じる必要がある。

　【付記】本研究の一部は，松下幸之助記念財団から研究助成を受けて行われました。

注
 1　安全基準の強化によって原発の建設費は世界的に高騰しており，シノップ原発事業も建設費が当初見積もりの2倍以上の5兆円規模になるなど（毎日新聞［2018年8月2日］），先行きが不透明化している。2018年4月には伊藤忠商事が事業からの撤退を発表しており，採算性を確保するには電力料金を大幅に引き上げるか，政府による資金支援を受ける必要があると見られている。2018年12月，日本政府や三菱重工は事業を断念する方向で最終調整に入ったと報道された（日本経済新聞［2018年12月4日］）。
 2　本稿に関するトルコでの現地調査は，2016年2月から2018年4月の期間に実施した。聞き取り協力者との会話は筆者がトルコ語で行った。聞き取りの内容はフィールドノートというかたちで記録したほか，必要に応じて録音や動画撮影を行い，のちに内容を再確認した。
 3　シノップの元博物館職員。1954年生まれの女性。
 4　シノップの公務員，ホテル経営者でシノップNKP運営委員。1967年生まれの男性。
 5　2016年4月26日にイスタンブールで開催されたチェルノブイリ30周年反核コンサート参加者。20代男性。
 6　2016年4月26日にイスタンブールで開催されたチェルノブイリ30周年反核コンサート参加者。20代女性。
 7　キャーズム・コユンジュ（Kazım Koyuncu）は1971年生まれ，東黒海地方出身のフォークロック・ミュージシャンである。コユンジュは東黒海地方の民謡を取り入れたロック系音楽を少数言語のラズ語で歌い，トルコだけでなく隣国グルジアでも注目されていたが，ガンが原因で2005年に33歳で亡くなった。コユンジュは自身のガンはチェルノブイリ原発事故の影響であると考え，反原発運動や環境運動にも力を注いだ。コユ

ンジュはトルコの反原発運動や環境運動のシンボル的存在である。
8 　リゼ出身の音楽家。30代男性。
9 　筆者によるＡ氏への聞き取り，2017年4月22日と2018年4月23日，シノップ。
10 　2015年4月13日にサムスンで開催された，トルコ技術者建築家会議所連合主催のシンポジウム「チェルノブイリと健康」での報告。パラによると，原発事故の影響が疑われる甲状腺ガンの割合が黒海地方ではトルコの他の地域よりも高いという。
11 　チェルノブイリ原発事故30周年の2016年4月26日にイスタンブールで開催された反核コンサートでのスピーチは，事故後にトルコでは汚染についての科学的調査が禁止されたことや，当時の政治家たちが食品汚染の不安を解消するために嘘の発言やパフォーマンスを行ったことを「忘れない」と批判した。筆者による観察。
12 　2016年4月24日のシノップ反原発集会参加者。20代女性エンジニア。
13 　シノップNKP運営委員，教職員組合員。1956年生まれの男性。
14 　2013年にシノップの市民団体から届けられた要請書は，FoE Japanのウェブページ（http://www.foejapan.org/energy/news/131118.html.）に掲載されている。
15 　2014年にNKPから届けられた要請書は，『ノーニュークス・アジアフォーラム通信』127号に掲載されている。
16 　筆者が2016年から2018年の期間にトルコで実施した調査。イスタンブールNKPの定例会議や，反原発運動に関連するイベントへの参与観察，シノップやメルスィンのNKPメンバーへの聞き取り等を実施した。
17 　クーデター未遂事件から1年で約5万人が拘束・逮捕され，約15万人が解雇や停職を命じられた。閉鎖された学校は約2,000校，閉鎖されたメディアは約180媒体に上る（毎日新聞［2017年7月14日］）。
18 　憲法改正を問う国民投票のキャンペーン期間中，筆者は環境団体らの呼びかけた集会を観察した。2017年2月26日にイスタンブールで開催された集会のスピーチは，大統領制が導入されれば，環境規制や法が無視され，1人の人物の権限のみで原発を含む大規模開発事業が押し進められると警鐘を鳴らしていた。
19 　筆者が2016年4月24日のシノップ反原発集会，2017年3月8日のイスタンブールで開催された反原発サミット（Alternatif Nükleer Zirvesi）等で行った観察。

参考文献

Aksu, Cemil and Ramazan Korkut [2017], *Ekoloji Almanağı 2005-2016*, İstanbul: Yeni İnsan Yayınevi.

Bal, Jamelee [2015], "Turkey's Pursuit of Nuclear Energy: A Case Study of the Akkuyu Nuclear Power Plant," *IMES Capstone Paper Series*.

Bianet [2014 November 11], "Akkuyu Nükleer Santraline Karşı İtirazlar İletildi," (http://web.archive.org/web/20170322170637/http://bianet.org:80/bianet/toplum/159871-akkuyu-nukleer-santraline-karsi-itirazlar-ile tildi).

――― [2016 April 26], "Çernobil'in 30. Yılında Nükleere Karşı Yaşam Şenliği," (http://bianet.org/bianet/toplum/174212-cernobil-in-30-yilinda-nukleere-karsi-yasam-senligi).

――― [2017 November 22], "Kullanacakları Reaktör Bile Sınanmış Değil," (http://web.archive.org/web/20171222052708/https://bianet.org/bianet/ekoloji/191765-akkuyu-davasi-kullanacaklari-reaktor-bile-sinanmis-degil).

Birgün [2018 April 19], "'Sinop Nükleer Santral İstemiyor' mitingi İçişleri Bakanlığı tarafından yasaklandı," (https://www.birgun.net/haber-detay/sinop-nukleer-santral-istemiyor-mitingi-icisleri-bakanligi-tarafindan-yasaklandi-212840.html).

Cumhuriyet [2018 February 6], "Sinop gözaltında," (http://www.cumhuriyet.com.tr/haber/cevre/921294/Sinop_gozaltinda.html).

Diken [2017 November 22], "Erdoğan gölgesi'nde Akkuyu duruşması: Savcı davanın reddini istedi," (http://www.diken.com.tr/erdogan-golgesinde-akkuyu-durusmasi-savci-davanin-reddini-istedi/).

――― [2018 March 7], "Rapor eksikmiş' ama projeye devam: Akkuyu NGS davaları reddedildi," (http://www.diken.com.tr/rapor-eksikmis-ama-projeye-devam-akkuyu-ngs-davalari-reddedildi/).

Duru, Bülent [2013], "Modern Muhafazakârlık ve Liberal Politikalar Arasında Doğal Varlıklar: AKP'nin Çevre Politikalarına Bir Bakış," In: Uzgel, İlhan and Bülent Duru. eds. *AKP Kitabı: Bir Dönüşümün Bilançosu (2002-2009)*, Ankara: Phoenix Yayınevi, pp.782-800.

Ertör-Akyazı, Pınar., Fikret Adaman, Begüm Özkaynak and Ünal Zenginobuz [2012], "Citizens' Preferences on Nuclear and Renewable Energy Sources: Evidence from Turkey," *Energy Policy*, 47, pp.309-320.

Evrensel [2018 April 3], "Akkuyu'da nükleer santralin temel atma töreni öncesi protesto yasağı," (https://www.evrensel.net/haber/349278/akkuyuda-nukleer-santralin-temel-atma-toreni-oncesi-protesto-yasagi).

Gökmen, İnci and Ali Gökmen [2002], "Türkiye'de Çernobil'in Etkileri, Çay Deneyimi ve ODTÜ," In: Künar, Arif., *Don Kişot'lar Akkuyu'ya Karşı; Anti-Nükleer Hikayeler*, Ankara: Elektrik Mühendisleri Odası, pp. 76-80.

Greenpeace Akdeniz [2011 April 29], "Türkiye'nin %64'ü Nükleere Hayır Diyor," (http://www.greenpeace.org/turkey/tr/news/turkiyenin-yuzde-64u-nukleere-hayir-diyor-290411/).

Hürriyet [2011 March 16], "Dünya devleri nükleere 'mola' verdi, Erdoğan 'Evdeki mutfak tüpü de riskli' benzetmesi yaptı," (http://www.hurriyet.com.tr/ekonomi/dunya-devleri-nukleere-mola-verdi-erdogan-evdeki-mutfak-tupu-de-riskli-benzetmesi-yapti-17282118).

Hürriyet Daily News [2015 May 7], "Turkish Energy Ministry refuses to send int'l report about Akkuyu power plant to court," (http://www.hurriyetdailynews.com/turkish-energy-ministry-refuses-to-send-intl-report-about-akkuyu-power-plant-to-court-.aspx?pageID=238&nID=82061&NewsCatID=340).

IAIA: International Association for Impact Assessment [2015], "Social Impact Assessment: Guidance for assessing and managing the social impacts of projects," (http://iaia.org/uploads/pdf/SIA_Guidance_Document_IAIA.pdf).

Ipsos [2011], "Global Citizen Reaction to the Fukushima Nuclear Plant Disaster," (https://www.ipsos.com/sites/default/files/migrations/en-uk/files/Assets/Docs/Polls/ipsos-global-advisor-nuclear-power-june-2011.pdf).

KONDA [2012], "Mart 2012 Barometresi: Çevre Bilinci," (http://konda.com.tr/wp-content/uploads/2017/03/KONDA_1203_CEVRE_BILINCI.pdf).

Özkaynak, Begüm., Cem İskender Aydın., Pınar Ertör-Akyazı and Irmak Ertör [2015], "The Gezi Park Resistance from an Environmental Justice and Social Metabolism Perspective," *Capitalism Nature Socialism*, 26(1). pp.99-114.

Sözcü [2014 December 1], "ÇED Raporu, Putin'e Hediye mi?," (http://www.sozcu.com.tr/2014/gunun-icinden/ced-raporu-putine-hediye-mi-

664039/).
『日本経済新聞』[2018年12月4日],「トルコ原発 建設断念へ」朝刊1面.
ノーニュークス・アジアフォーラム [2014],「日本国国会議員のみなさま」『ノーニュークス・アジアフォーラム通信』127号.
─── [2015],『原発をとめるアジアの人びと──ノーニュークス・アジア』創史社.
長谷川公一 [2001],「環境運動と環境研究の展開」飯島伸子・鳥越皓之・長谷川公一・舩橋晴俊編『環境社会学の視点(講座 環境社会学第1巻)』有斐閣, 89-116頁.
平田篤央 [2011年7月3日],「イタリア『脱原発』源流に25年前の経験」『朝日新聞GLOBE』66号.
広河隆一 [1991],『チェルノブイリ報告』岩波書店.
『毎日新聞』[2017年7月14日],「進む粛清 クーデター失敗1年, 逮捕5万人」(https://mainichi.jp/articles/20170714/k00/00m/030/141000c).
─── [2018年8月2日],「トルコ原発事業費5兆円に 当初計画の2倍超」(https://mainichi.jp/articles/20180803/k00/00m/020/122000c).

[同志社大学大学院生=トルコ地域研究, 市民社会, 環境運動]

● 書　　評

「大学教育」が拓く平和の学びの未来

「特集　大学の平和教育」日本科学者会議編『日本の科学者』2018年1月号

吉　田　直　子

「大学の平和教育」をめぐるモノローグ
　個人的な思い出語りになるがしばらくご容赦いただきたい。2016年2月，評者は初めて韓国・済州島を訪れた。沖縄平和学習にかかわる者の端くれとして，韓国海軍の基地建設が進められていた江汀（カンジョン）村のようすをこの目で確かめたいと思ったのである。ただそのとき，反対運動にたずさわる人々の話にしばしば登場する済州4.3事件について，評者はよく知らなかった。そこで翌日，バスを乗り継いで済州4.3平和記念館に出かけた。この平和博物館は展示が非常に充実しているのだが，説明パネルの表記はハングルと英語である。慣れない言語で情報を追うのが辛くなりはじめたころ，奥の展示室から耳慣れた言葉が聞こえてきた。声の先には，引率の先生の通訳を介して学芸員の説明を聞く女子学生の集団がいた。そこにたまたま居合わせた評者は，許可を得て，その集団の後ろで残りの展示の説明を――とりわけ韓国国内ではあまり強調されることのない，4.3事件と在日朝鮮人とのかかわりを――日本語で聞くことができたのだった。
　彼女たちは東京の大学の学生で，スタディツアーで済州島を訪れていた。最初の訪問地の沖縄から済州島にやって来て，このあと台湾に向かうと聞いた。この日の出会いは，評者が東アジアという枠組から沖縄の問題を捉え直すきっかけとなったできごとであり，まさにその点に着目した大学の

スタディツアーの存在に驚かされたこともあって，今でも記憶に残っている。あとで知ったのだが，それが「東アジアフィールドスタディ」に参加していた恵泉女学園大学の学生さんと李泳采先生だった。

　観光地として人気の高い「島」であり，かつ「植民地，虐殺，軍事的要所」という共通テーマを抱える東アジアの三つの地域を，仲間や教員と寝食をともにしながら集中的に見て周ることで，ある地域に対する見方は他の二つの地域との比較を経てより多面的になっていくだろう。あるいは三つの地域の時空間を点ではなく面として捉えることで，個別の地域を見ていたときとは異なる次元での歴史的な背景や現在の課題に気づくことになるだろう。その際，これまで知識として学んできたさまざまなことがらを寄せ集めて再検討し，応用し，総合し，あるいは読み替え，創造するといった活動の中からさらに深い学びが生起する。小・中学校でもなく旅行会社が運営する観光ツアーでもなく，まさに大学ならではの平和の学びを垣間見た気がした。

本特集の構成

　「大学の平和教育」をテーマに掲げた本特集は，まえがきによると，「暴力」の深刻化と「平和」の価値自体に揺らぎが見え始めた冷戦後の世界に対し，「大学人は何ができるのか，何をしなければならないのか」との問いのもと編まれたもので，4本の論文と座談会の記録が収録されている。著者とタイトルは以下のとおりである。

- 上村英明「恵泉女学園大学の平和教育と平和学」
- 山根和代「立命館大学における平和教育実践と課題——平和学の授業と国際平和ミュージアム等の活用」
- オイゲン・アイヒホルン「ベルリン・ボイト工科大学のヒロシマ・ナガサキ平和研究講座」
- 杉田明宏・いとうたけひこ「平和心理学の歴史・理論と授業実践——大学の軍事化への抵抗としての平和教育の提案」

・座談会「大学生協の平和への取り組み」

　上村論文と山根論文では，それぞれの筆者が教鞭をとる恵泉女学園大学および立命館大学における平和教育の実践が紹介される。アイヒホルン論文は，上村・山根論文と同様，個別の大学での実践紹介と読むこともできるが，大学という組織の中で，平和教育の文脈で核の問題を取り上げることの困難さにも紙幅を割いている。一方杉田・いとう論文は平和心理学の知見からの平和教育を論じる。当該論文では暴力の克服にむけてコンフリクトのコントロールを学ぶことの重要性と，筆者らによる実践事例が示されている。最後は全国大学生活協同組合連合会の学生委員2人，理事1人と司会者の4人による座談会の記録である。同会の平和活動の紹介から，一般の学生との意識のズレや議論のあり方など，「平和」をめぐって多岐に渡るテーマが話し合われている。本特集で唯一，学生の生の声に触れることができるセクションでもある。

「大学の平和教育」の課題

　各論に共通するのは，ヨハン・ガルトゥングの「平和」概念に基づく平和学や平和教育が今日の大学教育の現場でもかなり浸透していることが理論のみならず実践のレベルでも確認できる点である。戦争に代表される「直接的暴力」だけでなく「構造的暴力」や「文化的暴力」にも抗する「積極的平和」を視野に入れた，いわゆる「包括的平和教育」（ベティ・リアドン）的な要素がいずれの事例からも見て取れるからである。また平和構築に主体的に参画する人材を育成する教育が推進されている点も共通している。アクティブラーニングや協同学習，平和博物館の利用を含むフィールドワークなど，学生が自分の目で見て体験し，主体的に学習する方法論の導入を強調する論考が多いのもその表れであろう。

　ただし本特集のテーマは「大学の」平和教育である。あるいは「大学教育」の一環として平和の問題をどう扱うのかが問われているのである。しかし本特集で紹介されたような実践をほかでもない「大学教育」として行

う必然性は——扱うテーマの数と語彙の難しさという点を除けば——それほど明示的ではなかったように思われる。「大学」という場所で行えばそれだけで「大学教育」になるわけではあるまい。別言すれば，高等教育機関たる「大学」でこそ求められる平和教育のあり方により焦点化した議論も必要ではないか，ということである。というのも，初等中等教育の現場でも包括的平和教育の概念はもはや前提となりつつある。文部科学省の中央教育審議会答申を受け，「主体的・対話的で深い学び」の実現に向けた授業づくりも急速に進んでいる。「大学の平和教育」の特徴が初等中等教育段階でも見いだせるのであれば，高等教育が担うべき平和教育の内容や教員の役割は，初等中等教育のそれとどう異なるのか，といったことはもっと問われてよいはずだ。

評者の問題関心にいくばくかの示唆を与えてくれるのが上村論文である。上村によれば，1年生の必修科目でもある恵泉女学園大学の平和学は，まず学生たちが高校までに受けてきた「平和教育」を解体したのち，「誰が，どんな手段で，何を『平和』と語るのか」と問うことから始まる。そのうえで軍縮・核，人権，開発，環境の基礎分野やその周辺分野について学び，さらにグローバルイシューズとも関連づけながら（評者が目撃したフィールドスタディもその一例である），「平和」を立体的・多面的に考察する実践を体系的に積み重ねていく。

また「平和学」を掲げる高等教育機関の多くが国際政治や国際関係論，安全保障論といった専門教育による「平和のエリート」の育成に力を入れているのに対し，同大学の平和教育は「平和に貢献する市井の市民」の育成を目指すリベラルアーツ（教養教育）としての平和学である。上村はこれを「市民的価値を学ぶ平和学」，すなわち「市民社会の存続に不可欠な普遍的価値を『知識』としてではなく『生き方』として体系的に学ぶこと」と再定義する。そしてこのような平和学では，特に地域の社会教育を担う大学においてますます重要になると主張している。

「大学教育」が担う「平和」の学び

　ベルリン大学（現ベルリン・フンボルト大学）を創設したヴィルヘルム・フォン・フンボルトにとって，「大学」とは，学生と教員が「等しく学問のために存在」する場であり，両者が「研究することを通じて学ぶ」，つまり既知のことがらの伝授ではなく，未知のことがらの探究が行われる場であった。そしてそのような研究活動が人間性の陶冶（Buildung）につながると考えていた（斉藤［2008］）。また東京大学の総長を務めた南原繁――新制東京大学への教養学部の新設を推進した人物でもある――にとって，「教養」とは，高度に専門的な知識や技術を文化や社会の全体構造の中で総合する力であり，「人間生活の基礎的条件」でもあった。吉見俊哉は，南原の思想を紐解いたうえで，何らかの超越性に従属するのでも，有用性の手段でもない，リベラルな知識の場として大学を定義するなら，そこで求められるリベラルアーツは「高度に細分化され，総合的な見通しを失った専門知を結び合わせ，それらに新たな認識の地平を与えることで相対化する」（吉見［2011］21頁）ものではないかと提起している。

　ではフンボルトが理想とした「大学」，あるいは南原がこだわった「教養」の概念を手がかりに「大学の平和教育」を再検討するならば，どのような学びが想像／創造できるだろうか。

　たとえば「大学の平和教育」の議論を大学単体で完結させるのではなく，初等中等教育からの接続を踏まえて再構築する方向性があってもよい。残念ながら今の初等中等教育の「平和教育」は，たとえば上村にとっては「平和がいかに素晴らしいかを，絶対的に正しいことだと押し付けてくる」教育であり，「解体」の対象となってしまっている。ならば初等中等教育と高等教育との，平和教育の棲み分けと連携のアイデアを，教育現場での対話を通して大学のほうから積極的に提案していくこともまた「大学人」が為しうることのひとつであろう。

　ただおそらくもっとも大切なのは，「恵泉平和教育4原則」でも掲げられている「最も底辺に置かれた人びとの視点」であり，大学生協が重視し

てきた「生活面にしっかりと目を向けて考える」ことではないだろうか。大学教育のみならず，すべての教育段階で「平和教育」を検討する際につねに立ち返るべき基本姿勢として評者も肝に銘じたいと思う。

参考文献
　斉藤渉［2009］,「フンボルトにおける大学と教養」西山雄二編『哲学と大学』未來社。
　吉見俊哉［2011］,『大学とは何か』岩波書店。

［東京大学大学院生＝教育哲学・国際理解教育］

日本平和学会の研究会活動

日本平和学会事務局

【日本平和学会2019年度 春季研究大会】
大会テーマ：平和研究の役割――分断の構造の追究と紐帯の追求
開催日：2019年6月22日（土）・23日（日）
会場：福島大学
後援：福島大学うつくしまふくしま未来支援センター

第1日：6月22日（土）
●9：30～12：00
部会1（3・11プロジェクト委員会企画）核被害認定をめぐる歴史的・政治的背景
　報告：湯浅正恵（広島市立大学）「「黒い雨」被爆者の認定を阻む「科学的・合理的な根拠」」
　報告：竹峰誠一郎（明星大学）「世界の核被害者に対する援助措置――広島・長崎，マーシャル諸島，セミパラチンスクの相互比較」
　報告：平井朗（立教大学）「「風評」言説に抗う――測る，発信する，裁判をたたかう人びと」
　討論：島薗進（上智大学）
　討論：徳永恵美香（大阪大学）
　司会：高橋博子（名古屋大学）

部会2（国際交流委員会企画）日中平和学対話報告　東アジア新時代の展望：日中平和学の可能性
　報告：佐々木寛（新潟国際情報大学）「日中協働による〈平和学〉構築の可能性――酒井直樹論文を手がかりに」
　報告：加治宏基（愛知大学）「日本の修正主義――その"修正"にむけた3つ

の論点」
　報告：君島東彦（立命館大学）「思想的実践的課題としての東アジアの平和
　　　　――日本国憲法の東アジア的意義」
　ほか「日中平和学対話」参加者数名
　ファシリテーター：奥本京子（大阪女学院大学）

●12：30〜14：00
分科会
①「平和学の方法と実践」分科会
　テーマ：ガルトゥング平和学を問い直す
　報告：「ガルトゥング平和学の刷新ポイントはどこか？　――惑星平和学の時
　　　　空論的展開のための試論」前田幸男（創価大学）
　討論：藤田明史（立命館大学）
　司会：上野友也（岐阜大学）

②「憲法と平和」分科会
　テーマ：「朝鮮半島の平和への動き」
　報告：「朝鮮半島の平和への動き――2019平昌グローバル平和フォーラム参加
　　　　報告」シン・ヒョンオ（立命館大学）
　司会・討論：君島東彦（立命館大学）

③「植民地主義と平和」分科会
　テーマ：原発事故と外国人労働者
　報告：「除染作業に従事させられた技術実習生」佐々木史朗（全統一労働組
　　　　合）
　討論：佐伯奈津子（名古屋学院大学）
　司会：藤岡美恵子（法政大学）

④「軍縮・安全保障」分科会
　テーマ：自由論題
　報告1：「日本における徴兵忌避と兵役拒否」市川ひろみ（京都女子大学）

報告 2：「The paradox of the Japanese politics of memory」Marcin Wrobel
（東京大学大学院）
討論：寺島俊穂（関西大学）
司会：佐藤史郎（大阪国際大学）

⑤「環境・平和」分科会
テーマ：ベトナムへの原発輸出計画の白紙撤回――文化と生活を守る先住民族チャム人の抵抗
報告：「外国資本によるベトナムでの原発計画に抵抗したチャム人たち」インラサラ（チャム人作家，詩人，ジャーナリスト）※通訳：吉井美知子
司会：安部竜一郎（早稲田大学）

⑥「難民・強制移動民研究」分科会
テーマ：グローバルな人の移動と国家による管理統制
報告：「中米における難民・強制移動民と平和学」竹村卓（富山大学）
討論：佐渡友哲（日本大学）
司会：小泉康一（大東文化大学）

⑦「公共性と平和」分科会
テーマ：国際公益の再考――「安全保障」と「持続可能な生産と消費」それぞれからのアプローチ
報告 1：「持続可能な消費と生産（SCP）アプローチの位相――EUの『実験的』ガヴァナンスを中心に」渡邉智明（福岡工業大学）
報告 2：「『朝鮮脅威』の構成に関する考察」廉文成（朝鮮大学校）
討論 1：大道寺隆也（早稲田大学）
討論 2：玉井良尚（京都先端科学大学講師）
司会：玉井良尚（京都先端科学大学講師）

●14：10～15：00
総　会

● 15：10～17：40
部会3　（開催校企画）福島からみた原子力災害からの復興の現状と課題
　　報告：深谷直弘（福島大学）「東日本大震災・福島原発事故の記憶を残す活動の特徴とその意味」
　　報告：吉高神明（福島大学）「3・11の被災地福島の復興と人材育成：グローバルな次元」
　　報告：金井光生（福島大学）「「全世界の国民の平和的生存権」という憲法物語：福島より」
　　討論：鳴原敦子（東北大学）
　　討論：上野友也（岐阜大学）
　　司会：西﨑伸子（福島大学）

部会4　ワークショップ（平和教育プロジェクト委員会企画）トレーナーズトレーニング　やり⇔とり力を育てる：キーワードから考える当事者性
　　ファシリテーター：奥本京子（大阪女学院大学），笠井綾（宮崎国際大学），高部優子（横浜国立大学大学院），暉峻僚三（川崎市平和館），中原澪佳（新潟大学大学院），松井ケティ（清泉女子大学），ロニー・アレキサンダー（神戸大学）
　　リサーチャー：鈴木晶（横浜サイエンスフロンティア高校），堀芳枝（獨協大学），山根和代（平和のための博物館国際ネットワーク）

第2日：6月23日（日）
● 9：30～12：00
部会5　（企画委員会企画）「被害者」に寄り添う：分断を乗り越えるための「想像力」
　　報告：谷　由布（水俣病協働センター）「水俣の現状──生活支援と訴訟からみえる水俣の課題」
　　報告：親川裕子（沖縄大学地域研究所特別研究員）「マイノリティ女性，複合差別と沖縄──無国籍児問題から」
　　報告：石原真衣（北海道大学文学研究科専門研究員）「リミナーズが経験する分断──つながりの創造と痛みへの想像」

討論：塩原良和（慶応義塾大学）
司会：佐伯奈津子（名古屋学院大学）

自由論題部会1　（パッケージ企画）移行期正義・ポスト移行期正義・民主主義：正義を求め続ける動きと政治
報告：杉山知子（愛知学院大学）「移行期正義をめぐる研究の変遷と平和研究の観点からみる研究課題」
報告：内田みどり（和歌山大学）「ポスト移行期正義に停滞する正義：チリとウルグアイの事例から」
報告：クロス京子（京都産業大学）「フィリピンにおける移行期正義なき民主化移行と人権侵害」
討論：松野明久（大阪大学）
司会：二村まどか（法政大学）

●12：30〜14：00
分科会
⑧「非暴力」分科会
　テーマ：「ガンディーの思想は現代のわれわれに何を問いかけているか？」
　報告：「ガンディー思想の現代的意義について――竹中千春『ガンディー』（岩波書店，2018）に触発されたこと」藤田明史（立命館大学）
　討論：竹中千春（立教大学）
　司会：中原澪佳（新潟大学）
⑨「グローバルヒバクシャ」分科会
　テーマ：原発と人間
　報告：「〈調べない，知らせない，助けない〉を正当化する論理」島薗進（上智大学）
　司会・討論：桐谷多恵子（長崎大学）
⑩「平和と芸術」分科会
　テーマ：3.11後の世界を撮る
　報告：美術家・赤城修司「僕の見た福島」をみる・聴く
　司会・討論：佐藤壮広（立教大学）

●14:10~16:40

部会6 (企画委員会企画) 核と原子力が照らしだす科学者の社会的責任
　報告:政池明（京都大学名誉教授）「京都帝大における原子核研究と原爆開発計画」
　報告:山崎正勝（東京工業大学名誉教授）「理化学研究所の原爆開発計画と戦後の原子力開発」
　報告:池内了（総合研究大学院大学名誉教授, 名古屋大学名誉教授）「今日における科学者と軍事研究の問題」
　討論:中尾麻伊香（長崎大学原爆後障害医療研究所）
　司会:内藤酬（河合塾）

部会7 (3・11プロジェクト委員会企画) 原発被災における低認知被災地をめぐる市民の動き
　報告:清水奈名子（宇都宮大学）「原発事故後の権利回復を目指す市民活動——栃木県の事例から」
　報告:原口弥生（茨城大学）「低認知被災地における長期的な市民調査の意義と課題——茨城県の事例を中心に」
　報告:蓮井誠一郎（茨城大学）「『3・11』プロジェクトの歩みと低認知被災地での活動展開の意義」
　討論:藍原寛子（Japan Perspective News）
　討論:阿部泰宏（フォーラム福島支配人）
　司会:鈴木真奈美（明治大学大学院博士後期課程）

●6月22日~23日　9:00~17:00
"FUKUSHIMA TRACES"　赤城修司ミニ写真展@日本平和学会2019

SUMMARY

The United States' Nuclear Discourse and Invisible Hibakusha

TAINAKA Masato

This thesis questions how and why the international community clings to its nuclear weapons as a deterrent under the Nuclear Non-Proliferation Treaty, while leaving the global hibakusha (A-bomb survivors) invisible and abandoned. Specifically, as a journalist, I explore a postwar myth embodied in the idea that the United States' use of atomic bombs against Japan saved a million American lives and that that myth persists as the main justification for their use.

Japan has experienced three major nuclear disasters: the atomic bombing on Hiroshima and Nagasaki in 1945; many fishermen's mysterious deaths and diseases of the Lucky Dragon No.5 and a thousand fishing boats near the US nuclear test area at Bikini Atoll through the late 1940's to 50's; and the Fukushima No.1 Nuclear Power Plant meltdown, caused by the Great East Japan Earthquake and Tsunami in 2011. These nuclear disasters have created many hibakusha who have suffered from various diseases such as cancer and leukemia. However, it is still unclear whether there is a definite cause-and-effect relation between those diseases and radiation exposure.

I found that such invisible hibakusha also exist in the world's largest atomic power — the United States. Thousands of "down winders" at the Hanford nuclear site, and hundreds of soldiers who worked for the Operation Tomodachi off the devastated Fukushima coast in 2011, have suffered diseases, and are being left behind.

In order to end the Atomic Age, I believe we must make use of the Treaty on the Prohibition of Nuclear Weapons which was adopted in 2017 at the United Nations. The treaty reminds us of the unacceptable suffering of hibakusha and the victims of nuclear tests. In spite of denials by the US and Japanese governments, the treaty seems to be gradually changing the mindset on nuclear weapons, reminding the international community that the nuclear weapon is not "a necessary evil" but "the ultimate evil."

Japanese, Koeran- Japanese, Korean high school students jointly discussed what can we do to eradicate "hate speech": community based exchange, peace education and learning for 20 years

ODAGIRI Masatake

Many Korean residents of Kawasaki city live in Japan due to historical circumstances. On the basis of the regional movement in the Sakuramoto area of Kawasaki which is a Korean community, citizen intercultural exchange began with Bucheon city in South Korea in 1991. Both cities have signed a friendship city agreement in a high school student exchange project "Kawasaki–Bucheon High School Student Forum HANA" began in 2000.

HANA positively picked up such topics as history, war/peace, discrimination, and human rights, and discussed them at the forum. The 34th exchange meeting on 23- 27 December 2016 was held in Kawasaki on the theme of "hate speech"

High school students in both cities hold preparatory meetings two or three times each month and have real-time contact via LINE and Instagram. They deepen problem awareness through pre-learning and, with the support of the OB/OG (graduates) network, they noticed that we could be both discriminated against and discriminating, and they organized a program to look back on discriminated and discriminating issues in their daily lives.

In the production of the forum, they did fieldwork and held discussions and visited the Kawasaki Peace Museum. They came to realize the seriousness of the damage of hate speech and the importance of citizens' activities. They noticed complex causes such as history, media, and education, and learned that various efforts are being promoted not only in Japan and Korea but in the whole world, and they jointly discussed what we can do.

Peace education and learning are exhausting to human education. A virtuous cycle is born that OB/OG while living and working in the community support the activities of HANA through their own experience and knowledge.

Okinawa teachers and students under US military occupation

TAIRA Sojun

In 1959, with a passport issued by USCAR (United States Civil Administration of the Ryukyu Islands), I went to Tokyo as a scholarship student. The nationality at that time was "Ryukyu," and I sat in the front row alongside Southeast Asian students at the university's entrance ceremony. Okinawa was part of Japan but was treated as a foreign country.

"The 60-year struggle for Japan-US security" became a trigger to think about the relationship between the return of Okinawa and Japan-US security. In 1963, I returned home. At that time Okinawa was under the situation of the *Kokuba-kun* issue. Mr. Kokuba was crossing with a green light when he was killed by a truck driven by a US soldier, who was found not guilty. The words of junior high school students who appealed at the protest rally are still remembered. "If we cannot cross with the blue, what color should we cross with?" I was made shockingly aware of the reality of Okinawa and the mission of the teacher. After that, in class, we tackled the theme of "How to teach Okinawa."

Faced with the need to prevent the bill to restrict teachers' rights (in Japan, it was called the issue of *kyoko-niho*), high school teacher members of the Okinawa Teachers' Association formed a union. I devoted all my energy to the education and return movement as its full-time general secretary. The efforts of "Special Class" were later tackled in all prefectures. That is because Shuri High School conducted "thinking Okinawa to 4. 28," "6. 23 the day of memorial" was born from the "unified homeroom.

The postwar history of Okinawa was the history of people who barely survived from the battlefield of Hell, and the history of struggle against the absurdity and unreasonableness of the US military occupation control. To protect lives and livelihoods and to realize peace and democracy, it is inevitable to learn "Okinawa in the base." As the Constitution says, "constant effort" was necessary to preserve the freedom and rights guaranteed by the Constitution. "Return to Japan" was its important process as the "constant effort."

How to Overcome the Problem of "Policy Debate without Policy Effect Debate" ? Collective Security and Japan Self Defense Forces

NAKAMURA Nagafumi

This paper aims to indicate that discussions on policy effects regarding dispatching Japan Self Defense Forces (SDF) abroad for collective security seem to have hardly taken place in the National Diet over the past quarter of a century. It also intends to promote the revitalization of policy debate through showing disputing points that should be concretely discussed in the Diet. In general, policy debate should include discussion of both whether implementation of the policy is legally permitted (legality debate), and whether implementation leads to the achievement of the expected goals (policy effect debate). This is because there are policies that are legal but ineffective and those that are effective but illegal. However, almost all discussions of joining in collective security in the Diet have been centered on a legality debate.

On collective security, experts have mainly discussed (i) whether the deployment of forces influences peacekeeping and peacebuilding in intervened states, (ii) whether the deployment of forces has a harmful effect on intervened states, and (iii) whether the definition of policy effect is appropriate in the first place. Regarding these disputing points, the debates are still on-going.

On the other hand, in the Diet, it appears that policy effects have been addressed as if they were simply obvious. If one is to support the active deployment of the SDF to missions abroad, an assessment of policy effects should be presented as its basis. However, their discussions have focused on the interpretation of Article 9. It has been a "policy debate without policy effect debate."

Considering this, this paper recommends that the Diet start an assessment of the policy effects of SDF deployment in past cases, based on the three points of dispute mentioned above. After the assessment of past cases, it will be possible for the Diet to carry out a "policy debate with both legality debate and policy effect debate."

Preventing Politicization of Humanitarian Operations: A Case Study on the Integrated Assessment for the United Nations Assistance Mission in Somalia (UNSOM)

NIINUMA Takeshi

This paper examines the extent to which the institutionalization of risk analysis in the integrated assessment of UN integrated missions can prevent the politicization of humanitarian operations. Most studies regarding the impact of UN integrated missions on humanitarian operations were conducted before the release of the *Integrated Assessment and Planning Handbook* (*IAP Handbook*) in 2013. The handbook contains a checklist of humanitarian considerations intended to minimize the politicization of humanitarian operations. This paper reviews the process of the integrated assessment for the establishment of the United Nations Assistance Mission in Somalia (UNSOM) from the viewpoint of the checklist.

The case study on UNSOM suggests two implications. First, a careful risk analysis of negative conditions for integration would contribute to minimizing the politicization of humanitarian operations. In the UNSOM assessment process, the Secretariat did not recommend a fully integrated UN mission, as it would negatively affect the relationship with non-governmental organizations (NGOs) . It demonstrates that the checklist, which includes a question on considering the relationship with NGOs, has a certain effect in minimizing the politicization of humanitarian operations at the Secretariat level. Second, there is a possibility that the Security Council may disregard the risk analysis conducted by the Secretariat for security and political reasons. The Security Council decided on the establishment of a more integrated mission (UNSOM) to contribute to political stabilization in Somalia as opposed to the Secretariat's recommendation. This shows that the balancing act between humanitarian, security, and political requirements at the Security Council level is yet to be resolved.

Investigating anti-nuclear opinion in Turkey: Local reaction to Japan's nuclear exports

MORIYAMA Takuya

This paper attempts to explain why people joined the anti-nuclear movement in Turkey and clarifies their demands by analyzing public opinion surveys and conducting interview research. Turkey plans to install three nuclear power plants (NPPs) to meet its growing electricity demand and to boost economic growth. In 2013, a Japanese-French consortium won the deal to construct an NPP in Sinop on Turkey's Black Sea coast. The Japanese government has promoted the nuclear export business as a main pillar of its economic growth strategy, claiming that foreign countries are in need of Japan's nuclear technology, even after the Fukushima nuclear accident. However, anti-nuclear opinion is growing in many countries. In Turkey, the anti-nuclear movement has developed since the mid-1970s. This paper tries to present the arguments of Turkish opponents of NPP, which must not be ignored in the process of nuclear export.

The first section of the paper analyses public opinion surveys on Turkey's NPP project. The surveys demonstrate that a majority of Turkish citizens are against introducing NPPs in the country. The surveys also suggest that Turkish citizens' negative view on NPPs comes from their experience and lessons from the Chernobyl nuclear accident.

In the second section, this study interviewed participants in the anti-nuclear movement in Turkey. Many of them referred to the Chernobyl nuclear accident and its negative effect on Turkey as a reason why they became opponents of NPP and joined the movement. In addition, they showed disappointment and discontent with nuclear export from Japan, which had experienced the Fukushima nuclear accident.

The third section focuses on the anti-nuclear movement's demand for a democratic relationship between state and civil society. Accelerating development projects as a source of political support, the Turkish government has deregulated environmental protection and bypassed the democratic decision-making process. The movement criticizes not only NPP construction, but also the government's authoritarian attitude.

Finally, the paper concludes that the nuclear project could have negative effects on local society, already affected by the Chernobyl nuclear accident, and hinder their demand for democracy.

編集後記

特集タイトル変更について

　ご記憶のある方も多いかもしれない。当初，本号の特集名は「『平和教育』を切り拓く」であった。昨年（2018年）5月21日に配信された会員宛メールに「企画趣旨文」が記載されている。その一節は次のようである（抜粋）。
　「教育が平和をつくる可能性を検討し，そこからこれまでの「平和教育」について，定義を含め，その内容・方法を捉えなおし，かつ発展させていくような論文を募集したい。」そして，「教育から新たな平和の未来をつくりだす可能性は，どんな切り口からなら見出せるのだろうか？　学会員のみなさまの力を借りて，その手がかりを集め，教育に可能性を見出す枠組みを掴みたい。」という言葉で締められている。
　その後，数本の投稿論文が寄せられたが掲載にはいたらず，結果的に「切り拓く」という重要な課題を残すことになった。そこで特集タイトルの変更を阿知良編集委員から提案され，本号のタイトル「平和教育といのち」となった。これは，編集委員2名により考え依頼した論文3本の根底にあるテーマと受け取っていただければ幸いである。

「平和教育」の「コンピテンシー」とは何かを意識して

　以降，タイトルでは"「」"をはずした表記になっているが，本稿ではあえて「平和教育」と表記する。
　さて，次期学習指導要領が公布され，順次施行に向けて準備が進められており，教育界ではここ数年，活発な検討がみられる。「コンテンツベースからコンピテンシーベースへ」と表現されるように，何を学ぶか（教育内容）を前提にしながらも，学んだことにより何ができるようになるか（資質・能力），すなわちその教科・単元を勉強するときに，どのような活動を通してどのような資質・能力を子どもに形成していくか，具体的に求められる状況に移行してきている。
　学習指導要領は小学校・中学校・高等学校等の学校教育を対象にしているが，学齢期の子どもはもとより大人も含めた「平和教育」で形成をめざす「資質・能力」を踏まえながら教育内容・方法等を考える必要性・重要性は，再認識すべきであろう。その改めての契機のようなものとして，本号のタイトルを受け止めていただければ，なお幸いである。

「「弁論」「理論」「世論」の三論一体」で平和の獲得をめざして

学校教育に限らず「平和教育」の目的の一つには，平和な社会の形成者もしくはその担い手を育てること，が含まれ得るだろう。

本学会の名誉会員であった深瀬忠一が，全国的に注目された憲法裁判「恵庭事件」(1962-1967)・「長沼ナイキ基地訴訟」(1969-1982)に憲法学者として深くかかわってきたことは，繰り返すまでもない。前者の裁判では被告人に，後者では原告に多くの弁護団・学者・市民による共同支援体制がつくられ，深瀬はそれを「弁論・理論・世論の三論一体」と称した（これは新約聖書における「父と子と精霊」の「三位一体」という表現にヒントを得ている）。

裁判で重要な役割を果たすのは「弁論」であるが，「恵庭事件」の裁判では弁護士に加えて，特別弁護人として深瀬，今村成和，久田栄正らが「理論」の立場で加わって論戦の重要な一翼を担い，両者ともに直接的に重要な役割を果たした。

しかし，それにとどまらぬ「世論」の動きがこれらの裁判闘争の特徴である。深瀬がいうところの「世論」にあたる市民の活動は，実に多様である。恵庭事件の裁判をめぐるその活動内容は，傍聴券確保のため前日から裁判所前でテントを張り学習会を開きながら夜を明かし，翌朝手に入れた傍聴券を弁護団等に渡したり，「現地調査」や各種集会の開催・チラシやパンフ作成・配布，署名集め，裁判の資金集めのため「事件」現場にほど近い島松演習場内でスズランを収穫し地方で販売など，多岐にわたっていた。裁判所に許可され弁護団が録音した法廷での発言すべてを，弁護団に委託されて一字一句おこし「公判(速)記録」としてまとめたものは，弁護団の訴訟指揮に役立ったのはもちろんのこと，多くの研究者らがよりどころとした。

これらの活動は，長沼裁判での原告団・自衛隊イラク派兵差し止め訴訟にそのノウハウが活かされ，判決の日等に集会がもたれるなどして，今日に至っている。

このように，50年以上前の平和を獲得するためのたたかいは，様々な立場の人々が「一体」となって取り組まれた。このことは今の私たちに何を投げかけているのか。

本号特集も「五本一体」として

深瀬が言うところの「弁論」・「理論」の担い手の大方はいわゆる専門家であり，その養成課程は（課題はあるとしても）ある程度確立している。そうであれば，「世論」を担う人の教育にはいっそう力を尽くさねばならないだろう。

もっとも，今日，深瀬の言うところの「世論」に相当するのは，各種平和運動を担う市民団体やNGO・NPOなど，いまや市民層のなかでのひとつの専門家集団を形成してきているとさえ言い得る。

恵庭事件当時と比しても平和に関する課題が山積する現代において，深瀬の

言う「世論」「弁論」「理論」（あるいはそれ以外にも）に相当する，様々な立場が「一体」となって取り組んでいく必要がいっそう増してきている。教育はそのための何らかの役割をも果たしうるだろう。

本号で執筆いただいた3本の依頼論文・2本の報告は様々な立場からのアプローチであり，「世論」の担い手を対象とした「平和教育」を視野におかれたものである。

この5本が，恵庭・長沼裁判における「弁論・理論・世論の三論一体」ならぬ，いわば「五本一体」としての役割が今後の「平和教育」の研究において一石を投じることができれば幸いである。

おわりに

2018年3月中旬に本号の編集はスタートした。編集委員の構成は「実務がきちんとできる人（論文の督促や編集作業）」と「全体を俯瞰して行けるような」人の2名となっているそうだ。

阿知良委員からの要請を受けて引き受けはしたものの，直後から目まぐるしく飛び交う電子メールと，そんなことまで担当せねばならないのか，と，思われるような要請の数々に，私は上記の二者のどちらにもあてはまらない，と，かなり後悔したことを思い出している。阿知良・前田両委員間のメール，浪岡編集長におうかがいがてら同送したもの，依頼論文をお願いした方とのやりとり，それ以外の関係者にあてたメールなど，当方の専用に設定したメールフォルダには400本近いものが収められている。約1年間の仕事だったことから考えると，毎日1通はメールがきた計算になり，それぞれが決して単純な内容ではなく，返信に躊躇する日々を重ね，遅きに失した件数は数知れない。

この場をお借りして，本号にかかわったすべての方にお礼申し上げる。ご迷惑やお手数をおかけしたことについてのお詫びの気持ちは本号の到着をもって届くことを願う。今後，電子メールを開くことが苦痛にならない日がくることを願いながら。

　　附記：本稿は，編集後記という性質上，引用等の詳細は表記を省略している。深瀬忠一の「弁論・理論・世論の三論一体」については，深瀬忠一［2008］，「終章　ポスト経済大国の理念としての立憲平和主義―まとめにかえて」深瀬・上田勝美・稲正樹・水島朝穂編著『平和憲法の確保と新生』，北海道大学出版会（357頁〜）などが参考になる。

2019年6月29日

前田輪音

日本平和学会設立趣意書

　1960年代後半から平和研究の世界各地での制度化の傾向にはいちじるしい進展が見られる。しかし日本においては，未だ制度としての平和学会は存在せず，戦後28年を経てわれわれは，おくればせながら日本の平和研究の立ちおくれについて自覚せざるをえない状況に立ちいたった。世界でユニークな平和外交の展開さるべき日本外交の動きの鈍重さの理由も，ここに一つの原因を発見さるべきであろう。これは日本国内の問題としてのみ提起さるべきではない。むしろ，世界的な問題として提起さるべきであろう。

　われわれは早急にこの立ちおくれを克服し，被爆体験に根ざした戦争被害者としての立場からの普遍的な平和研究を制度化しようと考えている。他方，70年代の日本は今後アジアの小国に対しては，再び加害者の立場に移行する危険性をも示しはじめている。日本平和学会はあくまで戦争被害者としての体験をすてることなく，将来日本が再び戦争加害者になるべきでないという価値にもとづいた科学的，客観的な平和研究を発展させようと考えている。研究は客観的，科学的であるべきであるが，研究の方向づけにおいてけっして道徳的中立性はありえない。

　われわれは行動科学的かつ計量的な研究方法を十分に使用することはもちろんであるが，他方，伝統的な歴史的あるいは哲学的方法の長所もすてることなく育成してゆきたい。多様な研究方法を統合して長期的な平和の条件を確立するために役立つ真に科学的，客観的な戦争と平和に関する研究を促進，発展させることが本学会設立の真のねらいである。

　われわれは研究成果が現存制度によって利用されることを望む。しかし他方，われわれは決して単なる政策科学にとどまることに同意しない。現存制度による知識の悪用に対しては絶えざる批判を続けるいわゆる批判科学をも発展させたいと考えている。

1973年9月

(注)

本設立趣意書第2段にある「アジアの小国」について，趣意書が書かれた時点の意図は判明しないが，現在の観点からすると誤解を招きかねず，適切とはいえない表現であると判断する。しかし，本趣意書の歴史的文言としての性格に鑑みて，

趣意書そのものを書き改めるわけにはいかないと判断し，原文のままとして，本注記を付すこととした。日本平和学会は，日本が大国であると考えるわけでも，アジアの国々を大国，小国と区分けしようとする意図があるわけでもないことをお断りしておく。　　　　　　　　　　　　（2004年11月6日，第16期理事会）

日本平和学会第23期（2018年1月1日〜2019年12月31日）

【執行部】

会　　　　長　黒田俊郎　　　　副 会 長　竹中千春　ロニー・アレキサンダー
企画委員長　佐伯奈津子　　　　副企画委員長　佐藤史郎
編集委員長　浪岡新太郎　　　　広報委員長　竹峰誠一郎
国際交流委員長　奥本京子　　　学会賞選考委員長　阿部浩己
平和教育プロジェクト委員長　高部優子
「3・11」プロジェクト委員長　蓮井誠一郎
『戦争と平和を考えるドキュメンタリー50選』WG 主任　石田淳
第二期全国キャラバン WG 主任　木戸衛一
将来構想 WG 主任　竹中千春
事 務 局 長　清水奈名子

【理事】＊は地区研究会代表者
　［北海道・東北］　小田博志　＊清末愛砂　黒崎輝　鴨原敦子
　［関東］　青井未帆　阿部浩己　石田淳　上村雄彦　上村英明　内海愛子　遠藤誠治
　　　　　勝俣誠　川崎哲　五野井郁夫　小林誠　酒井啓子　清水奈名子　高原孝生
　　　　　高部優子　竹中千春　竹峰誠一郎　蓮井誠一郎　＊平井朗　古沢希代子
　　　　　堀芳枝　浪岡新太郎　毛利聡子　米川正子
　［中部・北陸］　黒田俊郎　佐伯奈津子　＊佐々木寛　高橋博子
　［関西］　＊猪口絢子　奥本京子　木戸衛一　君島東彦　佐藤史郎　田中勝
　　　　　原田太津男　山根和代　ロニー・アレキサンダー
　［中国・四国］　＊石井一也　佐渡紀子
　［九州］　近江美保　＊木村朗
　［沖縄］　島袋純　＊鳥山淳
【監事】大平剛　横山正樹

【委員会】＊は委員長
　［企画委員会］　小田博志　片岡徹　＊佐伯奈津子　佐藤史郎　四條知恵　高橋良輔
　　　　　　　　　高林敏之　鶴田綾　内藤酬　中村文子　長谷部貴俊　藤岡美恵子
　　　　　　　　　前田幸男
　［編集委員会］　（以下は22期委員・業務継続中）佐藤壮広　柳原伸洋
　　　　　　　　　（以下は23期委員）阿知良洋平　熊本博之　小松寛　齋藤民徒
　　　　　　　　　孫占坤　中野裕二　＊浪岡新太郎　前田輪音
　［広報委員会］　秋山肇　猪口絢子　大野光明　＊竹峰誠一郎　鈴木真奈美　高橋博子
　　　　　　　　　勅使川原香世子　平林今日子
　［国際交流委員会］　＊奥本京子　加治宏基　片野淳彦　君島東彦　児玉克哉
　　　　　　　　　　　佐々木寛　古沢希代子　松野明久
　［学会賞選考委員会］　＊阿部浩己　勝俣誠　佐渡紀子　横山正樹
　［平和教育プロジェクト委員会］　奥本京子　笠井綾　杉田明宏　鈴木晶　＊高部優子
　　　　　　　　　　　　　　　　　暉峻僚三　中原澪佳　堀芳枝　松井ケティ
　　　　　　　　　　　　　　　　　山根和代　ロニー・アレキサンダー
　［「3・11」プロジェクト委員会］　藍原寛子　鳴原敦子　鈴木真奈美　高橋博子
　　　　　　　　　　　　　　　　　徳永恵美香　＊蓮井誠一郎　平井朗
　［『戦争と平和を考えるドキュメンタリー50選』WG］
　　＊石田淳　上野友也　小松寛　佐藤史郎　清水奈名子　下谷内奈緒
　［将来構想WG］　黒田俊郎　佐々木寛　清水奈名子　＊竹中千春

日本平和学会会則

第1条　本会の名称は日本平和学会（The Peace Studies Association of Japan [PSAJ]）とする。

第2条　本会は国家間紛争に焦点をおき，これに関連したあらゆる紛争の諸原因と平和の諸条件に関する科学的研究を行い，関連諸領域の学問的発展に資することを目的とする。

第3条　本会は次の活動を行う。
　(1)　研究会および講演会の開催
　(2)　会員の研究成果の刊行
　(3)　内外の学会その他関連諸機関との連絡および学者間の交流
　(4)　その他本会の目的を達成するに必要かつ適当と思われる諸活動

第4条　本会への入会は会員2名の推薦を要し，理事会の議を経て総会の承認を得なければならない。また，在外会員（留学生は除く）については，しかるべき研究機関の推薦状によって会員2名の推薦に代替させることができる。ただし，本会の研究成果が戦争目的に利用されるおそれのある機関あるいは団体に属するものは原則として入会できない。

第5条　会員は本会の刊行物の配布を受け，各種の会合に出席することができ，完全な投票権行使の権利と役員になる権利を持つ。

第6条　退会を希望する会員は会長宛てに退会届を提出し，事務局（業務委託先）に退会届が到着した日付をもって，退会したものとする。既納の会費は事由の如何を問わず，これを返還しない。

第7条　会員は所定の会費を納める。2年以上にわたって会費を納めない者は原則として会員たる資格を失う。

第8条　会員は退会する場合，会費未納につき会員たる資格を失う場合のいずれも，未納会費を清算する。

第9条　会員としての権利の濫用がなされた場合，また平和学会の目的に反する活動を主宰あるいはこれに参加した場合は，一定の手続きを経たうえで，本会から除名されることがある。

第10条　通常総会は毎年1回，臨時総会は必要に応じ理事会の議を経て，会長

が招集する。

第11条　総会の決議は出席した会員の過半数による。ただし，会則の変更は出席した会員の3分の2以上の同意をもってこれを決定する。

第12条　本会に理事を若干名おく。

第13条　理事は会員の投票に基づき，総会において選出される。理事は理事会を構成し，学会の業務を管掌する。理事の任期は2年とし，再選を妨げない。

第13条の2

(1)　理事会の定足数は，出席者および委任状提出者を併せ，理事の過半数とする。

(2)　理事会の決議は，出席者および委任状提出者合計の過半数の賛成をもって成立する，ただし，会則の変更その他理事会自らが指定した重要事項については，同三分の二以上の賛成によるものとする。

(3)　特に必要と認める場合，理事会は，単純多数決で行う別の決議により，理事会決議の成立を出席しかつ投票する者の三分の二以上の賛成にかからしめることができる。この場合，定足数は，理事の過半数の出席とする。

第14条　会長は理事の中から互選される。会長は本会を代表し，その業務を統轄する。会長の任期は2年とする。

第15条　会長は理事の中から副会長および他の役員を指名できる。副会長は会長を補佐し，かつ会長がその職務を執行できない場合には，会長の職務を代行する。副会長の任期は2年とする。

第16条　本会に賛助会員を置くことができる。賛助会員については別に定める。

第17条　本会に名誉会員を置くことができる。名誉会員については別に定める。

第18条　本会の会費は年10,000円とする。ただし，学生会費は年5,000円とする。

第19条　会計年度は4月1日から翌年3月31日までとする。

第20条　本会に事務局を置く。事務局の所在は別に定める。

付則

1．この会則は1973年9月10日より実施する。

2．この会則は1979年11月24日より実施する。
3．この会則は1988年6月5日より実施する。
4．この会則は1990年11月24日より実施する。
5．この会則は1991年11月9日より実施する。
6．この会則は1993年11月14日より実施する。
7．この会則は1994年11月21日より実施する。
8．この会則は1996年6月15日より実施する。
9．この会則は2001年6月2日より実施する。
10．この会則は2004年11月6日より実施する。
11．この会則は2010年11月6日より実施する。
12．この会則は2017年11月25日より実施する。

倫理綱領
　　　(1)　会員はすべて平和に資する研究を行う。
　　　(2)　会員はすべて研究に際して社会的責任を自覚する。
　　　(3)　会員はすべて軍事化に加担しない。

再入会に関する規則
（目的）
第1条　この規則は，日本平和学会会則（以下「会則」という）第4条に基づき，日本平和学会（以下「本会」という）への再入会について必要な事項を定めるものとする。
（再入会手続き）
第2条　本会への再入会希望者は，会員2名の推薦を得て所定の再入会申込書を提出し，理事会の議を経た後，総会の承認を得なければならない。
（滞納会費）
第3条　会則第7条に基づき会費を滞納して会員たる資格を失った者が再入会を希望する場合は，再入会の際，1年分の会費を納入することとする。なお納入する会費額は，再入会時点での会費額とする。
（補則）
第4条　この規則の実施に関し必要な事項は，理事会の決定に従い，会長が別

に定めるものとする。

（改正）
第5条　この規則は，必要と認めた場合，理事会の決議により改正することができる。

附則
この規則は，2015年11月28日より実施する。

理事会電子メール審議規程
第1条　この規程は，日本平和学会会則第11条（理事会の構成と任務）および第11条の2（理事会の定足数と決議）を補うものとして定められる。
第2条　理事会は，迅速な対応を求められる重要な案件について決議を成立させるために，電子メール審議を行うことができる。電子メール審議は，全理事を網羅している理事会メーリングリストを利用して行うものとする。
第3条　電子メール審議は，重要な案件について緊急に必要な場合に限るものとし，電子メール審議の案件を提案できるのは会長のみとする。
第4条　提案の電子メールが発信されてから1週間程度を審議期間とする。
第5条
　⑴　電子メールの発信内容は，受信者にとってわかりやすい表示および内容とする。
　⑵　タイトル欄の冒頭に【日本平和学会理事会電子メール審議 mm/dd まで】と表示する。
　⑶　審議案件は明確な表現にて下記を簡潔にまとめる。
　　・審議案件
　　・審議依頼内容
　　・賛否回答の要請（依頼は賛成，反対を明確に表明できる構成とする。）
　　・回答期限（期日・時間を明確にする。）
第6条　審議内容に意見がある場合は，審議参加者全員宛に意見を送る。
第7条　回答期限までに，理事総数の3分の1以上の理事が異議を表明しない

場合，その提案は承認されたものとし，理事会の決議として成立する。
第8条　電子メール審議のプロセスで，提案に修正を求める意見が表明された場合，会長は当初の提案を修正して再提案することができる。その後のプロセスも上記第4条から第7条の規定にしたがう。
第9条　電子メール審議にかかわるメールは，学会事務局が保管する。
第10条　成立した決議の内容は，会長が次の理事会で報告する。

附則　この規程は，2016年3月20日より実施する。

賛助会員に関する規則
（目的）
第1条　この規則は，日本平和学会会則（以下「会則」という）第14条に基づき，日本平和学会（以下「本会」という）の賛助会員について必要な事項を定めるものとする。
（賛助会員の定義）
第2条　賛助会員とは，本会の目的及び活動に賛同する法人又は団体とする。
第2条の2　賛助会員は，本会における投票権行使の権利と役員になる権利を持たない。
（入会手続き）
第3条　賛助会員になろうとする者は，理事1名を含む会員2名の推薦を得て所定の入会申込書を提出し，理事会の議を経た後，総会の承認を得なければならない。
（会費）
第4条　賛助会員は次の会費（年額）を納入しなければならない。
第4条の2　賛助会員の会費は1口30,000円（年額）とする。
（賛助会員の特典）
第5条　賛助会員は次の特典を享受することができる。
　（1）　本会が刊行する学会誌の配布（各号1冊）を受けること。
　（2）　本会が発行するその他の刊行物の配布を無料で受けること。
　（3）　研究大会及び研究集会において報告を行い，又は学会誌に投稿すること。

(4) 研究大会及び研究集会の懇親会に2名まで無料で参加すること。
(5) 本会の行う各種の行事に参加すること。

(退会)
第6条　賛助会員は所定の退会届を会長に提出することにより，いつでも退会することができる。
第6条の2　2年以上にわたって会費を納めないものは，原則として賛助会員たる資格を失う。
第6条の3　第1項の場合，既納の会費は事由の如何を問わず，これを返還しないものとする。

(補則)
第7条　この規則の実施に関し必要な事項は，理事会の決定に従い，会長が別に定めるものとする。

(改正)
第8条　この規則は，必要と認めた場合，理事会の決議により改正することができる。

附則
この規則は，2015年7月18日より実施する。

名誉会員規定
(1) 理事会は，理事を20年以上務めるなど本学会に多大の貢献のあった70才以上の会員を，本人の同意を得て，名誉会員とすることができる。理事会は，これを総会に報告する。
(2) 名誉会員は会費納入義務を負うことなく会員の資格を継続するが，理事選挙における選挙権および被選挙権ならびに総会における議決権を有さない。

日本平和学会

会長　黒田俊郎
事務局
　321-8505　宇都宮市峰町350
　宇都宮大学学術院・国際学部　清水研究室
　E-mail: office@psaj.org
　http://www.psaj.org/

平和教育といのち［平和研究　第52号］
2019年8月17日　初版第1刷発行

編　者　日本平和学会
発行者　須　賀　晃　一
発行所　株式会社　早稲田大学出版部
　　　　169-0051　東京都新宿区西早稲田1-9-12
　　　　☎03-3203-1551
　　　　http://www.waseda-up.co.jp/
編集協力　有限会社アジール・プロダクション
印刷・製本　精文堂印刷株式会社

Ⓒ 2019　日本平和学会　　　　　　　　Printed in Japan
ISBN978-4-657-19017-8
ISSN（国際標準逐次刊行物番号）0385-0749

平和研究バックナンバー

第1号　特集＝平和研究の方法／第2号　特集1＝平和価値，特集2＝平和教育／第3号　特集＝日本国憲法―国内体制と平和／第4号　特集1＝平和運動の理論と行動，特集2＝国連軍縮特別総会，特集3＝世界秩序の諸問題／第5号　特集1＝現代日本の平和保障，特集2＝現代日本の平和教育／第6号　特集1＝国際紛争の構造と解決，特集2＝アジア平和研究国際会議／第7号　特集1＝生活様式と平和，特集2＝平和教育学への展望，特集3＝非軍事化の探究／第8号　特集＝新国際軍事秩序を解剖する／第9号　特集1＝戦後史におけるヒロシマ・ナガサキ，特集2＝アジアの平和秩序のために，特集3＝平和研究の現段階と平和学の課題／第10号　特集1＝日本の"平和保障"を求めて，特集2＝平和と地域―アフリカの飢えと国際政治／第11号　特集1＝日本型管理社会と労働，特集2＝核時代の平和と第三世界，特集3＝アパルトヘイト／第12号　特集＝エスニシティ問題／第13号　特集1＝日本のODAを考える，特集2＝戦争体験から核軍縮へ／第14号　特集1＝言語政治学と平和の課題，特集2＝天皇・軍隊・戦争／第15号　特集＝科学と平和／第16号　特集＝グローバルデモクラシー／第17号　特集＝自治体の平和外交／第18号　特集＝冷戦後の平和研究／第19号　特集＝Peaceful Change―平和的改革へ／第20号　特集＝21世紀へのオールタナティブ―平和秩序を求めて／第21号　特集＝「持続可能な発展」と日本の選択／第22号　特集＝地球市民社会の安全保障―冷戦後平和秩序の条件／第23号　特集＝再び自律と平和―沖縄が提起する問題／第24号　特集＝いま日本の「国際貢献」を問う／第25号　特集＝20世紀の戦争と平和／第26号　特集＝新世紀の平和研究／第27号　特集＝「人間の安全保障」論の再検討／第28号　世界政府の展望／第29号　芸術と平和／第30号　人道支援と平和構築／第31号　グローバル化と社会的「弱者」／第32号　スピリチュアリティと平和（3200円）／第33号　国際機構と平和（3200円）／第34号　アジアにおける人権と平和（3200円）／第35号　「核なき世界」に向けて（3200円）／第36号　グローバルな倫理（2200円）／第37号　世界で最も貧しくあるということ（2200円）／第38号　体制移行期の人権回復と正義（2200円）／第39号　平和を再定義する（2200円）／第40号　「3・11」後の平和学（2200円）／第41号　戦争と平和の法的構想（2200円）／第42号　平和の主体論（2200円）／第43号　「安全保障」を問い直す（2200円）／第44号　地域・草の根から生まれる平和（2200円）／第45号　「積極的平和」とは何か（2200円）／第46号　東アジアの平和の再創造（2200円）／第47号　脱植民地化のための平和学（2200円）／第48号　科学技術の暴力（2200円）／第49号　信仰と平和（2200円）／第50号　平和研究と憲法（2200円）／第51号　平和と音（2200円）

早稲田大学出版部刊（表示価格は本体価格。第1号～第29号は品切れ）